Michael Feil

Mit Psalmen durch den Alltag

Michael Feil

Mit Psalmen durch den Alltag

kbw bibelwerk

1. Auflage 2024

Umschlaggestaltung: Finken & Bumiller, Stuttgart
Umschlagmotiv: Nathalie Wolff, Paris
Gestaltung und Satz: Olschewski Medien GmbH, Bad Ditzenbach
Hersteller gemäß ProdSG:
Druck und Bindung: Finidr s.r.o., Lípová 1965, 737 01 Český Těšín,
Tschechische Republik
Verlag: Verlag Katholisches Bibelwerk GmbH, Silberburgstraße 121,
70176 Stuttgart

www.bibelwerkverlag.de
ISBN 978-3-460-33105-1

TREE FOR TITLE
Mit der Erscheinung dieses Buches haben wir **zusammen mit der Druckerei FINIDR** einen neuen Baum gepflanzt.

Inhalt

Mit Psalmen durch den Alltag

Über die Psalmen habe ich einen eigenwilligen Satz der evangelischen Theologin Dorothee Sölle gelesen: „Ich esse sie, ich trinke sie, ich kaue auf ihnen herum, manchmal spucke ich sie aus, und manchmal wiederhole ich sie mitten in der Nacht.“ Das klingt ein bisschen sonderbar. Mal abgesehen davon, dass „normale Christen“ nicht unbedingt täglich mit Psalmen „hantieren“ – wer würde behaupten, darauf herumzukauen oder sie sogar wieder auszuspucken? Und überhaupt: Darf man so despektierlich über Bibeltexte sprechen?

Psalmen sind ja doch altehrwürdige geistliche Texte und haben sowohl im Judentum als auch im Christentum eine lange Tradition als fester Bestandteil des täglichen Betens. Das Stundengebet, das Geistliche und Ordensgemeinschaften Tag für Tag beten, kommt ohne die Psalmen nicht aus.

Trotzdem sind die Psalmen für die meisten Menschen heute weitgehend fremd und unbekannt. Die Psalmen sehen, um im Bild zu bleiben, schon auf dem Teller so fremdartig aus, dass man sich gar nicht mehr vorstellen kann, so etwas zu essen – schade eigentlich, denn die Psalmen haben wirklich etwas zu bieten. Sie gehen spirituell durch dick und dünn, durch Höhen und Tiefen. Sie tragen uralte Menschheitserfahrung in sich und können ungemein facettenreiche Impulse geben – von der tröstenden Lebenshilfe über die mitreißende Gebetssprache bis zum bodenlosen Aufreger. Und sie nehmen wahrlich kein Blatt vor den Mund. Die Psalmbeter sagen ungeschminkt, was Sache ist. Sie lassen Gefühle heraus, zetern mit ihren Gegnern und wenn es sein muss auch mit ihrem Gott. Insofern: Ja, man kann auch mit so robuster Ausdrucksweise über die Psalmen reden, wie Dorothee Sölle das getan hat.

Dieses Buch soll eine Einladung sein, sich mit den Psalmen zu befassen und sie zu verkosten, in etwa so, wie man Wein verkostet: sich darauf einlassen wie die milden und gefälligen Aromen sich entfalten, aber auch die herben und holzigen. Man spürt, was die Zunge pelzig macht und was dem Gaumen schmeichelt. Und ja, dabei darf man auch entscheiden, was man lieber gleich wieder ausspuckt und was Appetit auf mehr macht – und vor allem: was geistige Nahrung bietet.

Man kann das regelmäßig tun, zum Beispiel zu einem festen Zeitpunkt in der Woche – gerade so, wie das gepflegte Glas Wein am Sonntagabend. Ich habe 52 Psalmen ausgewählt, sodass man auf diese Weise durch ein ganzes Jahr kommt. Man kann das Buch aber natürlich auch mit einem anderen Rhythmus lesen oder je nach Thema und Interesse darin blättern. Zu jedem dieser 52 Psalmen habe ich einige Gedanken als Anregung aufgeschrieben. Sie greifen oft nur einen Aspekt des Psalms heraus, an dem ich beim Psalmenlesen hängen geblieben bin. Andere Aspekte bleiben unbesprochen oder spielen vielleicht bei einem anderen Psalm eine Rolle. Natürlich sind das meine Gedanken – niemand muss sich damit identifizieren, aber vielleicht hilft ja der eine oder andere Aspekt für die eigene Reflexion.

Vielleicht bleiben Sie aber auch an anderen Psalmversen und Gedanken hängen. Sie können solche Verse oder auch nur einzelne Worte unterstreichen oder anmarkern. Die Leerräume, die in diesem Buch zwischen den Psalmen entstanden sind, können Sie nutzen, um Ihre eigenen Gedanken und Impulse zu notieren. So wird daraus Ihr ganz persönliches Psalmenbuch.

Eingestreut zwischen die Psalmen finden sich hier und da Erläuterungen zum Verständnis und zum Hintergrund der Psalmen. Sie stammen ja aus einer ganz anderen Epoche, die schon eine ziemliche Weile her ist. Da können ein paar Takte zu den Eigenheiten dieser Texte sicher nicht schaden.

Lassen Sie die Texte auf sich wirken und entdecken Sie dabei den inneren Reichtum, den sie bieten. Ich wünsche Ihnen viel Freude bei Ihrer „Psalmen-Verkostung“!

Michael Feil

Psalm 1

Weisung zur Wahl des rechten Weges

1 Selig der Mann, der nicht nach dem Rat der Frevler geht, nicht auf dem Weg der Sünder steht, nicht im Kreis der Spötter sitzt,
2 sondern sein Gefallen hat an der Weisung des Herrn, bei Tag und bei Nacht über seine Weisung nachsinnt.
3 Er ist wie ein Baum, gepflanzt an Bächen voll Wasser, der zur rechten Zeit seine Frucht bringt und dessen Blätter nicht welken. Alles, was er tut, es wird ihm gelingen.
4 Nicht so die Frevler: Sie sind wie Spreu, die der Wind verweht.
5 Darum werden die Frevler im Gericht nicht bestehen noch die Sünder in der Gemeinde der Gerechten.
6 Denn der Herr kennt den Weg der Gerechten, der Weg der Frevler aber verliert sich.

Nach den inneren Quellen suchen

Psalm 1 hat natürlich etwas von einem Auftakt, einer Präambel. Er erzählt etwas darüber, worum es im Buch der Psalmen gehen soll. Es ist das, was der Psalmist die „Weisung des Herrn" nennt. Auf diese Weisung sollen die Menschen hören – sehen wir es diesen alten Texten einmal nach, dass sie ganz patriarchalisch nur vom „Mann" reden. Aber was heißt, „auf die Weisung des Herrn" hören? Im Psalm gibt es darauf erst einmal ein paar Hinweise, was ich nicht machen soll: Nicht auf den Rat von miesen Typen hören, nicht auf den Wegen von bösen Menschen gehen und nicht mit denen zusammensitzen, die ständig über andere herziehen. Kurz gesagt: Benimm dich nicht wie ein mieser Idiot. Was aber soll ich dann, positiv gesagt, tun? Der Psalm empfiehlt: Denk über die Weisung des Herrn nach, bei Tag und bei Nacht. Mit der Weisung ist hier am Anfang des Psalmenbuchs natürlich vor allem das Psalmenbuch selbst und dann aber auch die ganze Bibel gemeint: Wenn du also wissen willst, was die Weisung des Herrn ist, dann nimm das hier und lies. Aber lies nicht nur, sondern denk auch darüber nach, mach es Dir zur Gewohnheit, darüber nachzudenken. Viele Menschen in der Geschichte des Judentums und des Christentums haben das sehr ernst genommen. Sie sind mitten in der Nacht aufgestanden, um die Psalmen zu lesen und darüber nachzudenken. Sie haben die Psalmen über den ganzen Tag verteilt und haben regelreche Schicht-Dienste eingeteilt, damit zu jeder Tages- und Nachtzeit jemand Psalmen betet. Es muss schon was dran sein, sich immer wieder neu mit diesen Texten einzulassen und darüber zu grübeln, was die Menschen dabei umgetrieben hat. Klar, wenn man keine Ordensfrau und kein Mönch ist, wird man das mit der pausenlosen Psalmbeterei nicht hinbekommen. Aber immer wieder darüber nachzudenken, was diese alten Texte mir sagen können und wie ich mein Leben so ausrichten kann, dass mein Weg nicht in die Büsche geht, das bringt mich wirklich weiter, davon bin ich überzeugt. Der Psalm findet auch ein wundervolles Sehnsuchtsbild dafür: Sein wie ein Baum, der am Bach steht, gut getränkt und kraftvoll gewachsen. Natürlich, auch so ein Baum kommt im Sturm nicht ungerupft davon. Will sagen: Auch die Besonnenheit eines Menschen, der nach dem richtigen Weg sucht, wird ihn vor den Tiefschlägen des Lebens nicht bewahren. Aber in Verbindung zu seinen eigenen Kraftquellen zu bleiben, das ist schon etwas. Der Psalmist ist sich sicher, dass sein Gott auch auf ihn schaut und seine Wege kennt. Auch, wenn es oft genug so aussieht, als ob immer die Fiesen und Ungerechten den Sieg davontragen. Der Psalmist meint: Ihr Weg verliert sich am Ende.

Psalm 2

Der Herr und sein Gesalbter

1 Warum toben die Völker, warum ersinnen die Nationen nichtige Pläne?

2 Die Könige der Erde stehen auf, / die Großen tun sich zusammen gegen den Herrn und seinen Gesalbten:

3 Lasst uns ihre Fesseln zerreißen und von uns werfen ihre Stricke!

4 Er, der im Himmel thront, lacht, der Herr verspottet sie.

5 Dann spricht er in seinem Zorn zu ihnen, in seinem Grimm wird er sie erschrecken:

6 Ich selber habe meinen König eingesetzt auf Zion, meinem heiligen Berg.

7 Den Beschluss des Herrn will ich kundtun. / Er sprach zu mir: Mein Sohn bist du. Ich selber habe dich heute gezeugt.

8 Fordere von mir und ich gebe dir die Völker zum Erbe und zum Eigentum die Enden der Erde.

9 Du wirst sie zerschlagen mit eisernem Stab, wie Krüge aus Ton wirst du sie zertrümmern.

10 Nun denn, ihr Könige, kommt zur Einsicht, lasst euch warnen, ihr Richter der Erde!

11 Mit Furcht dient dem Herrn, jubelt ihm zu mit Beben,

12 küsst den Sohn, / damit er nicht zürnt und euer Weg sich nicht verliert, denn wenig nur und sein Zorn ist entbrannt. Selig alle, die bei ihm sich bergen!

Angesichts all der Machtlosigkeit

Die Völker toben und die Nationen schmieden sinnlose Pläne. Das passt in unsere Zeit und wahrscheinlich in jede Zeit. Riesige Kriegsmaschinerien werden aufgefahren. Mit allen möglichen Mitteln von der künstlichen Intelligenz bis zur Panzerhaubitze versuchen Menschen sich gegenseitig zu unterwerfen oder sogar zu vernichten. Die Großen und die Mächtigen bekriegen sich, paktieren gegeneinander oder miteinander – gerade wie es ihnen am besten in die Rechnung passt. Eine höhere Ordnung und einen gerechten Gott erkennen sie gar nicht erst an, allenfalls versuchen sie, auch die Religion für ihre Zwecke einzuspannen.

Da ist die Vorstellung des Psalmisten von einem allmächtigen Gott, der dazwischengeht und Einhalt gebietet, fast schon ein frommer Wunsch. Es ist die alte Hoffnung, dass Gott seinen Gesalbten, seinen Messias schicken möge, der in seinem Sinn die Herrschaft übernimmt, der aufräumt mit den Übeltätern und Menschenschindern. Ich kann sie so gut verstehen, diese Sehnsucht nach einem, der Schluss macht mit all der himmelschreienden Ungerechtigkeit, mit all dem Missbrauch von jedem Fitzelchen Macht, das einer irgendwo in die Finger bekommt.

So sehr aber diese Sehnsucht nach einem Hau-Ruck-Erlöser zur jüdisch-christlichen Gedankenwelt gehört, so sehr gehört eben auch die Erfahrung dazu, dass Gott ganz offensichtlich nicht so ist und nicht so handelt. Er schlägt nicht so offenkundig drein wie einer, der Tonkrüge zertrümmert. Es ist auch der Gott, der nicht im Sturm und im Erdbeben spricht, sondern eher im Säuseln des Windes – so jedenfalls die Erfahrung des Propheten Elija. Und es ist der Gott, dessen Gesandter den geknickten Halm nicht abbricht und den glimmenden Docht nicht auslischt, wie es im Buch Jesaja umschrieben wird. Der Wunsch nach einem Donnergott und die Erfahrung eines Gottes der leisen Töne machen für die Menschen der Bibel eine enorme Spannung auf. Die Psalmen sind vielleicht auch so etwas wie ein Gebets-Ventil, bei dem ich diesen Wunsch nach einem klaren Schnitt herauslassen und Gott entgegenschreien darf. Ich muss nur dabei in Erinnerung behalten, dass das mein Wunsch und meine Sehnsucht sind und dass Gott noch einmal ganz anders ist, dass seine Wege nicht meine Wege sind, auch wenn es mir nicht passt. Trotzdem ist das kein Grund, das Vertrauen in ihn und die Hoffnung auf ihn zu verlieren. Er wirkt auch im Verborgenen und selig sind alle, so meint der Psalmist, die bei ihm sich bergen.

Psalm 3

Hilferuf und Erhörung in Feindesnot am Morgen

1 Ein Psalm Davids, als er vor seinem Sohn Abschalom floh.
2 Herr, wie viele sind meine Bedränger; viele stehen gegen mich auf.
3 Viele gibt es, die von mir sagen: Er findet keine Hilfe bei Gott. [Sela]
4 Du aber, Herr, bist ein Schild für mich, du bist meine Ehre und erhebst mein Haupt.
5 Ich habe laut zum Herrn gerufen; da gab er mir Antwort von seinem heiligen Berg. [Sela]
6 Ich legte mich nieder und schlief, ich erwachte, denn der Herr stützt mich.
7 Viele Tausende von Kriegern fürchte ich nicht, die mich ringsum belagern.
8 Herr, steh auf, mein Gott, bring mir Hilfe! Denn all meinen Feinden hast du den Kiefer zerschmettert, hast den Frevlern die Zähne zerbrochen.
9 Beim Herrn ist die Hilfe. Auf deinem Volk ist dein Segen. [Sela]

Singen im Wald

Der erste Vers ordnet diesen Psalm in eine geschichtlich-biographische Situation im Leben von König David ein. Hintergrund ist eine ziemlich vertrackte und letztendlich blutige Familientragödie. Im Verlauf dieses Dramas führt David Krieg gegen seinen eigenen Sohn Abschalom. Der hat Truppen zusammengezogen und verfolgt David, weil er selbst auf den Königsthron möchte. Damals wie heute können Familienzwistigkeiten sehr hässlich werden. Na ja, jedenfalls ist es für David eine zunehmend bedrohliche Situation. Es ist nicht ausgemacht, dass die Sache für ihn gut ausgeht. Und während ihm die Angst vor den Feinden so langsam die Luft zum Atmen nimmt, ruft er zu seinem Gott. Die anderen meinen, so sagt er, Gott würde ihm nicht helfen, würde ihn im Stich lassen. Da mischt sich wohl auch sein eigener Zweifel unter diese Stimmen. Aber David ruft sich in Erinnerung, dass es ihm schon früher in brenzligen Situationen geholfen hat, zu Gott zu rufen. Auch jetzt ist ihm noch nichts Schlimmes passiert. Deshalb wirft er seine Sorgen auch jetzt auf seinen Gott, hofft und glaubt, dass er ihm hilft. Zugleich ruft er ihn um diese Hilfe an. Das ist natürlich immer gut, mich selbst an die Situationen zu erinnern, in denen etwas geklappt hat. Das stellt die Verbindung zur eigenen inneren Stärke her und kann die Angst zurückdrängen und im Zaum halten. Gewissermaßen ist das, was David hier tut, so etwas wie die religiöse Form von „Singen im Wald“: Man tut etwas, das Mut und Zuversicht ausstrahlen soll und hofft, dass man sich selber damit anstecken kann. Das klingt irgendwie lapidar, aber es hilft. Und es kommt hier im Psalm noch etwas dazu. Das „Psalm-Singen im Wald“, wenn man so will, ist zugleich die Erinnerung daran, dass ich nicht nur Stärken habe, auf die ich zurückgreifen kann. Es ist zugleich auch die Erinnerung daran, dass ich nicht alleine bin in dieser unheimlichen Finsternis, sondern dass Gott mich letztlich immer umfängt. Es kann im Leben drunter und drüber gehen und es gibt keine Garantien für einen Daueraufenthalt in der Wohlfühl-Zone. Aber zuletzt und zutiefst steht mein Leben unter dem Vorzeichen der Güte und Barmherzigkeit Gottes. Und deshalb gilt: „Beim Herrn ist die Hilfe“. Ich finde, sich das immer wieder vor Augen zu halten und in Erinnerung zu rufen, wenn es eng wird im Leben, das ist keine „Vertröstung“, das ist Gebet.

Psalm 4

Gottes Schutz in der Nacht

1 Für den Chormeister. Mit Saitenspiel. Ein Psalm Davids.
2 Wenn ich rufe, gib mir Antwort, Gott meiner Gerechtigkeit! Du hast mir weiten Raum geschaffen in meiner Bedrängnis. Sei mir gnädig und hör auf mein Flehen!
3 Ihr Mächtigen, wie lange noch schmäht ihr meine Ehre, wie lange noch liebt ihr das Nichtige und sucht die Lüge? [Sela]
4 Erkennt, dass der Herr sich seinen Frommen erwählt hat, der Herr hört, wenn ich zu ihm rufe.
5 Erschreckt und sündigt nicht! Bedenkt es auf eurem Lager und werdet still! [Sela]
6 Bringt Opfer der Gerechtigkeit dar und vertraut auf den Herrn!
7 Viele sagen: Wer lässt uns Gutes schauen? Herr, lass dein Angesicht über uns leuchten!
8 Du legst mir größere Freude ins Herz, als andere haben bei Korn und Wein in Fülle.
9 In Frieden leg ich mich nieder und schlafe; denn du allein, Herr, lässt mich sorglos wohnen.

Her mit dem guten Leben!

Es geht hier um ein Abendgebet. Da gehört die Bitte um Schutz in der Nacht ebenso dazu wie die Klage über Menschen, die einem Böses wollen. Aber dann kommen ein paar Gedanken, die mich besonders ansprechen. Zuerst einmal werden die Übeltäter nicht verdammt, wie es sonst recht oft in den Psalmen vorkommt. Stattdessen werden sie aufgefordert, sich zu ändern: „Bedenkt es auf eurem Lager und werdet still!“ Sie sollen mal nachdenken und statt sich weiter mit Lug und Trug durchzumogeln, sollen sie lieber nach der Gerechtigkeit suchen. Gerechtigkeit ist für die Bibel ja insgesamt ein großes Wort. Sich um Gerechtigkeit bemühen und dann auf Gott vertrauen ist eine Art Patentrezept, das in der Bibel immer wieder angeraten wird. Besonders stark ist dabei der Bezug zu den Armen und Schwachen. An ihnen Gerechtigkeit zu üben, bedeutet, ihre Schwäche und Armut nicht auszunutzen, sie nicht schlecht zu behandeln, sondern ihnen herauszuhelfen aus ihrer Not. Und dann kommt – recht unvermittelt – die Feststellung, dass viele Menschen fragen: „Wer lässt uns Gutes schauen?“ Es ist ein Wesenszug der Menschen, dass sie es gut haben wollen, am liebsten hier und jetzt. Der Psalmist, so würde ich meinen, kritisiert das auch gar nicht. Er sucht ja selber danach. Und er weiß, wo er danach fragen muss. Er bittet Gott, den Gerechten, um seinen Segen. Das tut er mit dieser wunderschönen biblischen Segensbitte: „Herr, lass dein Angesicht über uns leuchten!“ Da scheint natürlich das Bild der Sonne auf. So, wie die Sonne die Welt erleuchtet und wärmt, so möge die Güte, Liebe und eben die Gerechtigkeit unser Leben erleuchten und wärmen. Denn die Gerechtigkeit ist wie ein Sonnenstrahl, der mitten ins Herz dringt und Freude hineinlegt. Diese Freude wärmt von innen und sie ist dadurch viel wirksamer als das, was von außen kommt und Freude bringen soll. Von Korn und Wein in Fülle ist hier die Rede. Aber dem modernen Menschen würde da sicher noch eine ganze Reihe anderer Annehmlichkeiten einfallen: Äußerlicher Schnickschnack, von dem man sich allerhand Spaß verspricht. Auch hier schaut es so aus, als ob der Psalmist das gar nicht verdammt und verurteilt. Aber die Gerechtigkeit, in der Gottes Angesicht aufscheint, ist eine größere Freude – und eine nachhaltigere.

Psalm 5

Morgengebet um Beistand

1 Für den Chormeister. Zum Flötenspiel. Ein Psalm Davids.

2 Höre, Herr, meine Worte, achte auf mein Seufzen!

3 Vernimm mein lautes Schreien, mein König und mein Gott, denn zu dir flehe ich.

4 Herr, am Morgen hörst du mein Rufen, am Morgen rüst ich das Opfer zu, nach dir halte ich Ausschau.

5 Denn du bist kein Gott, dem das Unrecht gefällt; ein Böser darf nicht bei dir weilen.

6 Nicht bestehen die Stolzen vor deinen Augen; du hassest alle, die Unrecht tun.

7 Du lässt die Lügner zugrunde gehn, Mörder und Betrüger sind dem Herrn ein Gräuel.

8 Ich aber darf dein Haus betreten dank deiner großen Güte, ich werfe mich nieder in Ehrfurcht vor deinem heiligen Tempel.

9 Herr, leite mich in deiner Gerechtigkeit, meinen Feinden zum Trotz; ebne deinen Weg vor mir!

10 Denn aus ihrem Mund kommt kein wahres Wort, ihr Inneres ist voll Verderben. Ihre Kehle ist ein offenes Grab, aalglatt ist ihre Zunge.

11 Gott, lass sie dafür büßen; sie sollen fallen durch ihre eigenen Ränke. Verstoße sie wegen ihrer vielen Verbrechen; denn sie empörten sich gegen dich.

12 Doch alle sollen sich freuen, die auf dich vertrauen, und sollen immerfort jubeln. Beschütze sie und sie werden jauchzen über dich, die deinen Namen lieben.

13 Denn du, Herr, segnest den Gerechten. Wie mit einem Schild deckst du ihn mit Gnade.

Wenn mir am Morgen graut

Es gibt Tage, da würde ich am liebsten gar nicht erst aufstehen. Gar nicht mal, weil ich depressiv und antriebslos wäre. Ich kann aber schon in etwa vorausahnen, dass ich mir später am Tag noch wünschen werde, ich hätte diesen Tag erst gar nicht angefangen. Die Aussichten für diesen Tag sind alles andere als rosig. So ein Morgengebet ist dieser Psalm. Ein frommes Morgengebet stellt man sich ja landläufig eher anders vor. Da wäre der Dank für den Schlaf der Nacht zu erwarten, der Dank für den neuen Morgen und die Bitte um Segen für diesen neuen Tag, den es in Gottes Namen anzupacken gilt. Dieser Morgenpsalm ist anders. Er spricht vom Seufzen und vom lauten Schreien schon am Morgen, vom Flehen und vom Rufen. Der Psalmbeter hält Ausschau nach Gott – die Frage des Gebets lautet also: Wo bist du? Wo bleibst du? Dieses Rufen und Suchen sind auch nötig, denn der Psalmist schildert seine Bedrängnis. Leute setzen ihm zu, die ihn verleumden, die Lügen verbreiten und ihn von oben herab behandeln. Auch das kommt mir ja nicht so ganz unbekannt vor: Leute, die sich offensichtlich für was Besseres halten, Leute, bei denen ich den Eindruck nicht loswerde, dass sie hinter meinem Rücken über mich herziehen und mich hier und da auch schlecht machen. Die Skala reicht von der allgemeinen Alltagsbosheit bis zum handfesten Mobbing. So gesehen ist es kein Wunder, wenn der Psalmist sich über diese Typen aufregt. Ich würde nicht die gleiche Wortwahl treffen, aber verstehen kann ich das in gewisser Weise schon, dass ihn das umtreibt. Er bleibt aber nicht dabei. Der Psalm macht auch noch eine Wende in eine andere Richtung und schaut auf all diejenigen, die nicht lügen und betrügen, sondern auf Gott vertrauen. Durch diese Wende der Blickrichtung wird der Psalm, wenn ich ihn lese, dann irgendwie auch zu einer Anfrage an mich selbst: Was ist mit mir? Reihe ich mich unter die Fiesen mit der aalglatten Zunge ein oder unter diejenigen, die auf die Güte Gottes vertrauen? Klar, so ganz einfach ist es ja nicht und die Sichtweise „ich gehöre zu den Guten und die anderen sind die Bösen" hilft meistens nicht viel weiter. Aber eines lohnt sich, glaube ich, doch festzuhalten und mitzunehmen aus diesem Psalm: An so einem wenig rosigen Morgen ist es nicht verkehrt, wenn ich mir das Gottvertrauen in Erinnerung rufe, das ich haben darf, wohin auch immer die Reise geht.

Psalm 6

Bittgebet in Todesnot in der Nacht

1 Für den Chormeister. Mit Saitenspiel nach der Achten. Ein Psalm Davids.

2 Herr, strafe mich nicht in deinem Zorn und züchtige mich nicht in deinem Grimm!

3 Sei mir gnädig, Herr, denn ich welke dahin; heile mich, Herr, denn meine Glieder erstarren vor Schrecken!

4 Meine Seele ist tief erschrocken. Du aber, Herr – wie lange noch?

5 Herr, wende dich mir zu und errette mich, um deiner Güte willen bring mir Hilfe!

6 Denn im Tod gibt es kein Gedenken an dich. Wer wird dich in der Totenwelt preisen?

7 Ich bin erschöpft vom Seufzen, / jede Nacht benetze ich weinend mein Bett, ich überschwemme mein Lager mit Tränen.

8 Mein Auge ist getrübt vor Kummer, ist matt geworden wegen all meiner Gegner.

9 All ihr Übeltäter, weicht zurück von mir, denn der Herr hat mein lautes Weinen gehört!

10 Gehört hat der Herr mein Flehen, der Herr nimmt mein Beten an.

11 In Scham und tiefen Schrecken geraten all meine Feinde, sie müssen sich wenden, werden plötzlich beschämt.

Seinen Gott bequatschen

Manchmal ist es die pure Verzweiflung, die mich beten lässt. Wenn ich nicht mehr weiterweiß, wenn eins zum anderen kommt und sich in mir das Gefühl verdichtet: Jetzt könnte ich ein Wunder brauchen! So und vielleicht sogar noch ein bisschen heftiger ist die Situation des Psalmenbeters. Es ist von Todesnot die Rede, von der Angst vor einem schlimmen Ende. Der Psalmist wirft seine ganze Verzweiflung auf seinen Gott: Das Schlimme soll endlich aufhören und dem Guten, der Hoffnung und der Befreiung Platz machen. In der Bedrängnis neigen die Menschen dazu, mit Gott zu hadern, aber auch mit ihm zu verhandeln. Genau das macht auch der Psalmist hier. Er greift dabei zu einem recht schrägen Argument, das irgendwie etwas Tragisch-Komisches hat: Wenn du Gott, mich nicht vor dem Tod bewahrst, dann kann ich dich ja auch nicht mehr loben und preisen! Nebenbei gesagt spielen hier altorientalische Jenseitsvorstellungen eine Rolle, die nicht mehr so ohne Weiteres mit unserem Auferstehungsglauben identisch sind. Wenn man als gedanklichen Hintergrund die Vorstellung von einer Totenwelt hat, in der die Toten nur noch als Schatten und als eine Art Ahnengeister existieren, dann wird die Logik des Gedankens hier klarer: Halt mich doch am Leben, du mein Gott, dann kann ich dich auch lebendig und in Farbe loben und preisen! Was willst du denn auch mit dem Klagelied von Schattenwesen anfangen! Damit ein solcher Handel funktioniert, müsste aber erst einmal klar sein, dass Gott auf meinen Lobpreis überhaupt angewiesen ist. Da könnte man gelehrt und theologisch natürlich sagen: Gott in seiner Allmacht und Größe genügt sich schon aus seinem Wesen heraus selbst. Er braucht meinen Lobpreis nicht. Und trotzdem hat er Menschen ins Dasein gesetzt als Wesen, die nach ihm suchen und fragen und die ihn loben und ihm danken. Wozu sollte das gut sein, wenn nicht dazu, dass sie das auch wirklich tun? Insofern hat der Psalmist dann doch wieder einen Punkt, oder?

Ich glaube, um eine solche theologische Diskussion über das Wesen Gottes und die Aufgabe des Menschen geht es hier allenfalls in zweiter Hinsicht. In erster Linie geht es um die Not und die Verzweiflung und vor allem um die Erfahrung: Ich darf mit all dieser Sorge und Bedrängnis zu meinem Gott kommen. Ich bin ihm nicht lästig – selbst, wenn ich in meiner Not anfange ihn zu bequatschen, wenn ich versuche, mit ihm zu verhandeln und ihn irgendwie rumzubekommen. Ich darf mit all meiner tragisch-komischen Naivität bei diesem Gott anlanden und mit dem Psalm ungeduldig rufen: Herr, wie lange noch?

Was ist eigentlich ein Psalm?

Wenn man schon die ganze Zeit mit so einem Begriff hantiert, sollte man ihn wohl einmal erklären. Psalmen nennt man die ursprünglich in hebräischer Sprache abgefassten Gebetsgesänge im Alten Testament. Genaugenommen ist das Wort „Psalm“ bzw. „psalmos“ aber gar kein hebräisches, sondern ein griechisches Wort, das in etwa bedeutet: ein zum Saitenspiel vorgetragener Gesang. Das gleichbedeutende hebräische Wort heißt „mizmor“. Durchgesetzt hat sich aber der griechische Begriff, der im Kirchenlatein dann als „psalmus“ übernommen wurde. Abgeleitet davon ist der Begriff „Psalter“ (lat. „psalterium“), der die alttestamentliche Psalmensammlung mit insgesamt 150 Psalmen, aufgeteilt auf fünf Bücher, meint. Fünf Bücher übrigens deshalb, weil antike Bücher, die auf Schriftrollen geschrieben wurden, in der Regel nicht so umfangreich waren wie heutige Bücher. Wenn man vom Psalmist redet, meint man den Autor eines Psalms, ohne näher darauf einzugehen, wer das eigentlich war. Man kann auch vom Psalmbeter sprechen und letztlich das gleiche damit meinen. Interessant ist vielleicht noch, wer mit den Korachitern bzw. den Söhnen Korachs gemeint ist, die in manchen Psalmen als Autoren genannt werden. Ohne dabei weiter in die komplexen Forschungsfragen einzusteigen, kann man sagen, dass es sich dabei um ein Geschlecht der Leviten, also der altisraelischen Tempeldiener handelt, das in der Zeit nach dem babylonischen Exil, also erst relativ spät anzusetzen ist. Ob diese Psalmen von ihnen stammen, von ihnen bearbeitet worden waren oder ihnen einfach nur zugeschrieben wurden, lässt sich nicht sagen. Eine andere Sängergilde, ebenfalls aus nachexilischer Zeit, führte sich auf Asaf zurück, der in der Bibel als Gesangsmeister Davids benannt wird. Auch ihm werden deshalb manche Psalmen zugeschrieben. Noch ein Begriff begegnet einem immer wieder in den Psalmen, das ist das Wort „Sela“, das mitten im Psalm auftaucht. Was hat es damit auf sich? Es geht hier um eine Art Pausenzeichen, das vermutlich die Pause zwischen zwei Strophen signalisiert. Man merkt also recht deutlich, dass die Psalmen schon in alttestamentlicher Zeit als Gesänge im Gottesdienst Verwendung fanden – wie auch immer sich das angehört haben mag.

Psalm 8

Die Herrlichkeit des Schöpfers – die Würde des Menschen

1 Für den Chormeister. Nach dem Kelterlied. Ein Psalm Davids.
2 Herr, unser Herr, / wie gewaltig ist dein Name auf der ganzen Erde, der du deine Hoheit gebreitet hast über den Himmel.
3 Aus dem Mund der Kinder und Säuglinge hast du ein Bollwerk errichtet / wegen deiner Gegner, um zum Einhalten zu bringen Feind und Rächer.
4 Seh ich deine Himmel, die Werke deiner Finger, Mond und Sterne, die du befestigt:
5 Was ist der Mensch, dass du seiner gedenkst, des Menschen Kind, dass du dich seiner annimmst?
6 Du hast ihn nur wenig geringer gemacht als Gott, du hast ihn gekrönt mit Pracht und Herrlichkeit.
7 Du hast ihn als Herrscher eingesetzt über die Werke deiner Hände, alles hast du gelegt unter seine Füße:
8 Schafe und Rinder, sie alle und auch die wilden Tiere,
9 die Vögel des Himmels und die Fische im Meer, was auf den Pfaden der Meere dahinzieht.
10 Herr, unser Herr, wie gewaltig ist dein Name auf der ganzen Erde!

Der die Kinder behütet

Zuerst einmal preist dieser Psalm die Größe Gottes. Der Hintergrund ist ja eine Zeit und ein Kulturraum, wo es üblich ist, dass jeder Volksstamm seine eigenen Götter hat, die in Arbeitsteilung zuständig sind für allerlei Lebensbereiche und Naturerscheinungen. Das gibt dem Lobpreis ein viel stärkeres Profil, wenn es heißt: Du bist der einzige, der über alles herrscht, über den ganzen Erdkreis und die ganze Natur! Du hast all das erschaffen und hervorgebracht! Letztlich kreisen diese Gedanken alle um den einen: Wie groß bist du Gott, wie unvorstellbar, wie unbegreiflich – ich kann mich nur staunend in deine Größe fallen lassen! Da ist aber noch ein Vers, der heraussticht, in meinen Gedanken hängen bleibt und mit mir mitgeht: „Was ist der Mensch, dass du seiner gedenkst, des Menschen Kind, dass du dich seiner annimmst.“ Es gehört gar nicht so viel dazu, sich als Mensch klein, hilflos und unbedeutend zu fühlen – damals wie heute reicht da schon ein Blick an den nächtlichen Sternenhimmel. Angesichts von Myriaden von Galaxien, Sternen und Planeten, angesichts der unüberwindbaren Weite des Raumes, von dem man noch nicht einmal genau sagen kann, was er eigentlich ist, angesichts dieses gewaltigen unfassbaren Universums stellt sich wie von selbst die Frage ein: Was ist schon ein Mensch? Ein Staubkorn, das einen Wimpernschlag lang währt, mehr nicht. Und ich mache mir Sorgen, wie mein Alltag funktioniert? Ich sorge mich, was aus meinen Kindern wird? Ich kann sie ja nicht einmal beschützen vor dem, was das Leben ihnen so antut. Ein Nichts, mehr ist doch der Mensch nicht – allerdings ein Nichts, das sich notorisch zu wichtig nimmt und sich ständig aufspielt, als könnte es irgendetwas bewirken. Und doch sagt mir der Psalm auch etwas sehr Bemerkenswertes: Der große und unfassbare Gott, das behauptet der Psalm, denkt an den kleinen unbedeutenden Menschen, denkt an mich! Und er nimmt sich meiner Kinder an, er behütet sie, die ich nicht beschützen kann. Klar lässt sich sagen: Behaupten kann man viel und sich einbilden noch viel mehr. Da malt sich der Psalmist ja was Schönes aus, um seine eigene Bedeutungslosigkeit mit Bedeutung aufzuladen. Das ist hier aber kein logischer Beweis, keine philosophische und schon gar keine mathematische Herleitung. Es ist ein Gebet, ein altes Gebet, das den Glauben und die Zuversicht von Jahrtausenden in sich trägt. Ich finde, das hat etwas Großartiges und Bedeutsames an sich: Dieser uralte Text sagt etwas aus, dem ich mich aus tiefem Herzen mit meiner ganzen Sehnsucht und all meiner Hoffnung anschließen möchte: Ich mag noch so klein und unbedeutend sein, Gott denkt an mich und er nimmt sich meiner Kinder an. Das möchte ich gerne mit den Menschen all dieser Jahrhunderte beten, in denen der Psalm gelesen und gebetet wurde.

Psalm 9

Gott, der Retter der Armen und Elenden

1 Für den Chormeister. Nach der Weise Stirb für den Sohn! Ein Psalm Davids.

2 Ich will danken, Herr, aus ganzem Herzen, erzählen will ich all deine Wunder.

3 Ich will mich an dir freuen und jauchzen, deinem Namen, Höchster, will ich singen.

4 Wenn meine Feinde zurückweichen, werden sie straucheln und zugrunde gehen vor deinem Angesicht.

5 Denn du hast mir Recht verschafft und für mich entschieden, dich auf den Thron gesetzt als gerechter Richter.

6 Du hast Völker bedroht, den Frevler vernichtet, ihre Namen gelöscht für immer und ewig.

7 Der Feind ist dahin, zertrümmert für immer. Du hast Städte entvölkert, ihr Andenken wurde zunichte.

8 Ja, so sind sie, aber der Herr thront auf ewig, zum Gericht hat er seinen Thron aufgestellt.

9 Er selbst wird den Erdkreis richten in Gerechtigkeit, den Nationen das Urteil sprechen, wie es recht ist.

10 So wird der Herr für den Bedrückten zur Burg, zur Burg für Zeiten der Not.

11 Darum vertrauen dir, die deinen Namen kennen, denn du, Herr, hast keinen, der dich sucht, je verlassen.

12 Singt dem Herrn, der thront auf dem Zion, verkündet unter den Völkern seine Taten!

13 Denn er, der Blutschuld ahndet, hat an sie gedacht, hat den Notschrei der Elenden nicht vergessen.

14 Sei mir gnädig, Herr! Sieh doch mein Elend, wie sie mich
hassen, du, der mich emporhebt aus den Pforten des
Todes!
15 Damit ich all dein Lob erzähle in den Toren der Tochter
Zion und frohlocke über dein rettendes Handeln.
16 Völker versanken in der Grube, die sie selbst gegraben, im
Netz, das sie heimlich gelegt, hat ihr Fuß sich verfangen.
17 Kundgetan hat sich der Herr: Er hielt sein Gericht, im
Werk seiner Hände hat sich der Frevler verstrickt. [Zwi-
schenspiel. Sela]
18 Zurückweichen müssen die Frevler zum Totenreich, alle
Völker, die Gott vergessen.
19 Denn der Arme ist nicht auf ewig vergessen, der Elenden
Hoffnung ist nicht für immer verloren.
20 Steh auf, Herr, nicht soll der Mensch triumphieren, die
Völker sollen gerichtet werden vor deinem Angesicht.
21 Wirf auf sie Schrecken, Herr, erkennen sollen die Völker:
Sie sind nur Menschen. [Sela]

Was glaubt ihr eigentlich, wer ihr seid?

Wenn ich den Psalm lese, kommt er mir vor wie ein Vexierbild, das je nach dem, ob man die schwarze oder die weiße Seite betrachtet, etwas anderes darstellt. Auf der einen Seite wird Gott fast wie eine Art Kriegsgott beschworen: Der, der die Feinde vernichtet, der die Blutschuld ahndet, der ganze Städte entvölkert und die Namen der Feinde auslöscht. Das ist ein wenig anziehendes Gottesbild. Auf der anderen Seite steht der Gott, der an die Armen denkt, der die Verfolgten schützt, der Gerechtigkeit durchsetzt, den Schrei der Elenden hört und für die Bedrückten zur Burg wird. Da kann ich gut mitgehen. Aber wie kriege ich das zusammen? Ein wenig hilfreich finde ich dabei den Vers „Völker versanken in der Grube, die sie selbst gegraben, im Netz, das sie heimlich gelegt, hat ihr Fuß sich verfangen.“ Bei vielen der recht kriegerisch anmutenden Beschreibungen über den Untergang von Völkern und Reichen spielt eine geschichtliche Betrachtungsweise eine Rolle. Da ist zuerst einmal die Beobachtung: Auch große, mächtige und gewalttätige Reiche kommen und gehen, steigen auf und versinken letztlich auch wieder im Chaos, oft genug in dem Chaos, das sie selbst angerichtet haben. Auch wenn man oft genug den Eindruck hat, dass die Gerechtigkeit und das Recht des Schwächeren keine Chance haben, kann man längerfristig doch sehen, dass die Dinge sich auch wieder wenden. „Das Große bleibt groß nicht und klein nicht das Kleine“, hat Bert Brecht einmal gedichtet und trifft die Beobachtung damit ziemlich genau, die hier eine Rolle spielt. Im Psalm gewendet führt das zur Zuversicht des Psalmisten: Gott vergisst die Armen und Unterdrückten nicht. Sie sind nicht verloren und verlassen, wenn sie zu ihm rufen. Deshalb kann auch ich den Mut finden, zu Gott zu rufen in all meinem Elend, ich kann ihm mein Herz ausschütten und meine Not zu ihm schreien.

Auf der anderen Seite ist da aber noch etwas. Es geht darum, dass Menschen dann, wenn sie am Zug sind, wenn sie obenauf sind, schnell dazu neigen, sich maßlos zu überschätzen. Sie meinen, sie könnten alles bewerkstelligen und sich über andere erheben. Sie denken, sie könnten ihre diebische Freude ausleben, wenn sie anderen eine Grube graben und

Fallstricke und Schlingen auslegen. Es geht dem Psalmisten auch darum, zu sagen: Damit kommt ihr nicht durch! Was glaubt ihr eigentlich, wer ihr seid? Ihr könnt euch auf Dauer nicht selbst zum Maßstab machen und auch nicht selbst definieren, was Gerechtigkeit ist. Denn Gerechtigkeit in den Augen Gottes heißt noch immer: sich der Schwachen und Unterdrückten annehmen, die anderen nicht über den Tisch ziehen und sich der Gemeinheiten enthalten! Das könnt ihr nicht wegdrücken, denn am Ende seid ihr nicht Götter, sondern nur Menschen! Das ist eine Mahnung, die man gut aus diesem Psalm mitnehmen kann, finde ich. Das ist im Alltag auch schnell mal vergessen. Da können Psalmverse vielleicht eine gute Gedächtnisstütze sein.

Psalm 10

1 Herr, warum bleibst du so fern, verbirgst dich in Zeiten der Not?

2 Voller Hochmut verfolgt der Frevler den Elenden. Sie sollen sich fangen in den Ränken, die sie selbst ersonnen.

3 Denn der Frevler hat sich gerühmt nach Herzenslust, der Gierige hat gelästert und den Herrn verachtet.

4 Überheblich sagt der Frevler: Gott ahndet nicht. Es gibt keinen Gott. So ist sein ganzes Denken.

5 Zu jeder Zeit glücken ihm seine Wege. / Hoch droben und fern von sich wähnt er deine Gerichte. Alle seine Gegner faucht er an.

6 Er sagt in seinem Herzen: Ich werde niemals wanken. Von Geschlecht zu Geschlecht trifft mich kein Unglück.

7 Sein Mund ist voll Fluch und Trug und Gewalttat, auf seiner Zunge sind Verderben und Unheil.

8 Er liegt auf der Lauer in den Gehöften / und will den Schuldlosen heimlich ermorden; seine Augen spähen aus nach dem Schwachen.

9 Er lauert im Versteck wie ein Löwe im Dickicht, / er lauert darauf, den Elenden zu fangen; er fängt den Elenden und zieht ihn in sein Netz.

10 Er duckt sich und kauert sich nieder, seine Übermacht bringt die Schwachen zu Fall.

11 Er sagt in seinem Herzen: Gott hat vergessen, hat sein Angesicht verborgen, niemals sieht er.

12 Herr, steh auf, Gott, erheb deine Hand, vergiss die Elenden nicht!

13 Warum darf der Frevler Gott verachten und in seinem Herzen sagen: Du ahndest nicht?
14 Du, ja du, hast Mühsal und Kummer gesehen! Schau hin und nimm es in deine Hand! Dir überlässt es der Schwache, der Waise bist du ein Helfer geworden.
15 Zerbrich den Arm des Frevlers und des Bösen, / ahnde seinen Frevel, sodass man von ihm nichts mehr findet.
16 Der Herr ist König für immer und ewig, verschwunden sind Nationen aus seinem Land.
17 Die Sehnsucht der Elenden hast du gehört, Herr, du stärkst ihr Herz, dein Ohr nimmt wahr,
18 Recht zu verschaffen der Waise und dem Bedrückten. Kein Mensch mehr verbreite Schrecken im Land.

Warum geht's den Bösen so gut?

Es gibt Menschen, die für ihre Mitmenschen nicht viel übrighaben, die mit spitzen Ellenbogen durchs Leben gehen und vor allem ihren eigenen Vorteil suchen. Und es gibt Menschen, die skrupellos ihren Vorteil suchen, die andere über den Tisch ziehen, sich hinterhältige Bosheiten ausdenken und notfalls über Leichen gehen. Wenn man solchen Leuten bei ihrem Treiben zuschaut, kommt einem zuweilen die Frage: Warum kommen die damit immer wieder durch? Sollten stattdessen nicht selbstloses Verhalten, Hilfsbereitschaft, Gemeinschaftssinn und Mitmenschlichkeit mit Erfolg belohnt werden? So ähnlich muss es wohl auch dem Psalmisten ergangen sein. Ziemlich ausführlich beschreibt er das Verhalten böser Menschen, wie sie anderen auflauern und sich über die Schwachen hermachen. Dabei meinen sie, dass sie damit davonkommen. Sie denken, eine Strafe Gottes gibt es dafür nicht.

Was kann man zu so einem Verhalten sagen? In der Tradition haben sich über die Jahrhunderte verschiedene Gedanken dazu angesammelt. Da ist erst einmal die Vermutung, dass das nicht lange gut geht, dass den Bösen ihre Bosheiten früher oder später auf die eigenen Füße fallen – und oft genug stimmt das ja auch. Böses Handeln fällt gar nicht selten auf die Übeltäter zurück. „Wer andern eine Grube gräbt, fällt selbst hinein“, sagt der Volksmund so schön. Was aber, wenn es nicht so ist, wenn schlechte Menschen triumphieren? Da gibt es die Vorstellung von der jenseitigen Bestrafung, die Vorstellung, dass die Menschen nach dem Tod vor das Gericht Gottes treten müssen und die Übeltäter dann umso schlimmer bestraft werden und „in der Hölle schmoren“. Das hat aber irgendwie immer so einen schalen Beigeschmack von ohnmächtigen Rachegelüsten, wenn man andere in die Hölle wünscht. Schließlich gibt es auch die Vorstellung, dass selbst die Menschen, die Böses tun, ja eigentlich dazu geboren waren, das Gute zu suchen, es vielleicht sogar immer noch tun, aber sich furchtbar verrannt und ihr Menschsein verfehlt haben. Sie haben ihre Offenheit für das Gute verloren und letztlich sich selbst. Jeder noch so protzige und selbstherrliche Auftritt kann nicht darüber hinwegtäuschen, dass das, was sie im Leben verwirklichen, kein wahres Glück ist. Mit der Tatsache, dass Menschen furchtbare Dinge tun, muss ich letztlich leben. Aber die Überzeugung, dass sie damit auf einem grundfalschen Weg sind, muss ich deshalb nicht aufgeben, auch wenn es so aussieht, als ob es ihnen damit gut geht. Der Psalmist jedenfalls glaubt an einen Gott, der die Sehnsucht der Elenden hört und ihr Herz stärkt. Diesem Glauben will ich mich gerne anschließen.

Psalm 12

Der Herr steht auf Seiten der Armen

1 Für den Chormeister. Auf der Achten. Ein Psalm Davids.
2 Hilf doch, Herr, der Fromme ist am Ende, ja, verschwunden sind die Treuen unter den Menschen.
3 Sie reden Lüge, einer zum andern, mit glatter Lippe und doppeltem Herzen reden sie.
4 Der Herr tilge alle glatten Lippen, die Zunge, die Vermessenes redet,
5 die da sagten: Mit unserer Zunge sind wir mächtig, unsere Lippen sind mit uns. – Wer ist Herr über uns?
6 Wegen der Unterdrückung der Schwachen, wegen des Stöhnens der Armen / stehe ich jetzt auf, spricht der Herr, ich bringe Rettung dem, gegen den man wütet.
7 Die Worte des Herrn sind lautere Worte, / Silber, geschmolzen im Ofen, von Schlacken gereinigt siebenfach.
8 Du, Herr, wirst sie behüten, wirst ihn bewahren vor diesem Geschlecht auf immer,
9 auch wenn ringsum Frevler umhergehn und die Gemeinheit groß wird unter den Menschen.

Lautere Worte

Manchmal finde ich es schwer zu ertragen, was Menschen so mit der Waffe des Wortes anstellen. Wie dreist kann man eigentlich noch lügen? Ob in der Politik, in der Werbung oder auch im Alltag. Da wird gelogen, dass sich die Balken biegen. Die Skala reicht vom Beschönigen über das Verdrehen, Hinbiegen, Wegdiskutieren, Umdrehen, Verleugnen, Verleumden, falsch Beschuldigen bis hin zur völligen Realitätsverweigerung. Man redet von „alternativen Fakten“, von „anderer Sichtweise“, von „Das muss jeder selbst wissen!“ und von „Das wird man doch mal sagen dürfen!“ Wie ist das eigentlich: Hat jede und jeder ihre und seine eigene Wahrheit? Darf jede und jeder alles sagen? Auch wenn eigentlich klar ist, dass das so nicht stimmen kann? Wenn man selbst bei Nacht und Nebel noch klar erkennen kann, dass man angelogen wird? Oder soll man nur lügen, wenn es keiner merkt? Nur so geschickt die Wahrheit verdrehen, dass man es als eigene Meinung ausgeben kann, die ja schließlich jeder und jedem zusteht?

Ich geb’s ja zu: Ich bin selbst auch nicht immer ganz aufrichtig. Natürlich stelle ich gerne mal die Dinge in ein für mich günstiges Licht. Ich bringe hier und da schon mal eine kleine Notlüge in Anschlag, um mich aus einer unangenehmen Situation herauszuwinden. Und selbstverständlich binde ich nicht allen alles auf die Nase, wie man so schön sagt.

Der Psalm beklagt, dass es keine Treue unter den Menschen gibt. Er beschuldigt die Menschen, die mit „glatten Lippe und doppeltem Herzen reden“. Trifft mich das also auch?

Zwei Gedanken kommen mir dazu. Erstens: Ja, so eine Kritik sollte man sich zu Herzen nehmen. Ich sollte mich selbst schon immer wieder daraufhin prüfen, ob ich nicht ein zu lockeres Verhältnis zur Wahrheit habe. Kann man sich darauf verlassen, was ich sage? Oder bin ich ein Schwätzer, auf dessen Wort man nicht allzu viel geben darf? Stelle ich ungesicherte Dinge in den Raum, als wären es harte Fakten? Stehe ich zu dem, was ich gesagt habe oder handle ich eher nach der Devise: „Was kümmert mich mein Geschwätz von gestern?“

Zweitens glaube ich, dass es da noch eine andere Perspektive in diesem Text gibt. Was bedeutet denn Wahrheit und Aufrichtigkeit eigentlich im Zusammenhang dieses Psalms? Der Herr, so heißt es da, steht auf „wegen der Unterdrückung der Schwachen, wegen des Stöhnens der Armen“. Mir scheint, es geht hier nicht um die kleinen „Abweichungen“, die im Alltag so vorkommen. Es geht nicht so sehr darum, anderen nicht alles, was man für die Wahrheit hält, auch gleich um die Ohren zu schlagen. Es geht noch nicht einmal darum, sich selbst vor lauter Geradlinigkeit bei nächster Gelegenheit gleich ans Messer zu liefern. Es geht im Psalm eher darum, ob die Lüge dazu verwendet wird, die Schwachen zu unterdrücken, die Armen auszubeuten, anderen zum eigenen Nutzen Schaden zuzufügen, sie an die Wand zu drücken mit seinen Argumenten. Wahrheit hat nicht nur mit Fakten zu tun, glaube ich, sondern auch damit, ob ich den anderen offen und wertschätzend und „lauter“ begegne, oder ob ich einfach mein Ding durchziehen will, auch auf Kosten der anderen. Für mich ergibt sich als Botschaft, die mir der Psalm ausrichtet: Lautere Worte müssen immer auch liebevolle Worte sein. Lautere Worte müssen Worte sein, die jemanden erreichen wollen, die Gutes bezwecken wollen – und solche lauteren Worte sind tatsächlich wie siebenfach gereinigtes Silber.

Psalm 13

Klage und Vertrauen in großer Not

1 Für den Chormeister. Ein Psalm Davids.
2 Wie lange noch, Herr, vergisst du mich ganz? Wie lange
noch verbirgst du dein Angesicht vor mir?
3 Wie lange noch muss ich Sorgen tragen in meiner Seele, /
Kummer in meinem Herzen Tag für Tag? Wie lange noch
darf mein Feind sich über mich erheben?
4 Blick doch her, gib mir Antwort, Herr, mein Gott, er-
leuchte meine Augen, damit ich nicht im Tod entschlafe,
5 damit mein Feind nicht sagen kann: / Ich habe ihn über-
wältigt, damit meine Gegner nicht jubeln, weil ich wanke!
6 Ich aber habe auf deine Güte vertraut, mein Herz soll über
deine Hilfe jubeln. Singen will ich dem Herrn, weil er mir
Gutes getan hat.

Tu doch was!

Ganz unübersehbar – die zentrale Frage dieses Psalms lautet: Wie lange noch? Man kann das Ungestüm und die Ungeduld des Betenden förmlich mit Händen greifen. Ich habe den Eindruck, er kann sich tatsächlich nur mit Mühe beherrschen und sein Unmut über seinen Gott bricht förmlich aus ihm heraus. Es geht ihm schlecht. Er hat Sorgen und Kummer und Feinde – und er spürt nichts von göttlicher Hilfe. Ja, natürlich, Gott lässt einen schon mal zappeln, damit man nicht hochmütig wird, aber jetzt reicht es langsam damit: Tu doch was!

Ich kann diese Situation gut nachempfinden. Die Miseren im Leben können sich wirklich hinziehen und einen mürbe machen, oft genug kommt dann auch noch eins zum anderen und wenn man meint, es würde besser, geht es wieder von vorne los. Da schicke ich dann meine Stoßgebete zum Himmel und es kommt in mir die Frage auf: Kann es jetzt nicht bald mal genug sein? Kann es nicht wieder aufhören? Und dahinter lauern noch grundsätzlichere Fragen: Wo bleibt denn Gottes Hilfe? Wo ist Gott denn? Warum lässt Gott das zu? Gibt es Gott überhaupt? Der Psalm gibt, so scheint es jedenfalls zunächst, darauf keine Antwort. Der Psalm sagt nicht: „Zwei Wochen noch, dann hast du es überstanden!“ Der Psalm bleibt erst einmal das flehentliche Gebet eines Menschen in großer Not.

Der Psalmbeter sagt aber nicht: „Das hat ja keinen Sinn!“ oder „Wenn jetzt nicht bald was passiert, höre ich auf mit dem Beten!“ Der Psalmbeter zieht erst mal alle Register der Überredungskunst: „Meine Feinde sollen doch nicht triumphieren! Das kannst du doch nicht wollen!“ Dann sagt er, fast mehr zu sich selbst: „Ich will über Gottes Güte jubeln! Ich will meinen Gott preisen, weil er mir Gutes getan hat!“ Ich habe den Eindruck, da bleibt offen, ob sich das auf die Vergangenheit oder die Zukunft bezieht. Will er jubeln über das Gute, das er früher erfahren hat oder über die Hilfe, die er erhofft? Vielleicht ist das aber auch gar nicht so wichtig. Vielleicht ist die Antwort des Psalmbeters auf seine elende Situation ja letztlich: „Ich bleibe bei meinem Gott und bei meiner Hoffnung auf ihn!“ Und in dieser Haltung finde ich persönlich dann doch so etwas wie eine Antwort auf die Frage: Gibt es Gott überhaupt? Für den Psalm ist die Antwort klar – das kann man mal mitnehmen.

Psalm 14

Die Torheit der Gottesleugner

1 Für den Chormeister. Von David. Der Tor sagt in seinem Herzen: Es gibt keinen Gott. Sie handeln verderbt, handeln abscheulich; da ist keiner, der Gutes tut.
2 Der Herr blickt vom Himmel herab auf die Menschen, / um zu sehen, ob ein Verständiger da ist, einer, der Gott sucht.
3 Sie alle sind abgewichen, alle zusammen sind verdorben, / da ist keiner, der Gutes tut, auch nicht ein Einziger.
4 Haben denn all die Übeltäter keine Einsicht? / Sie fressen mein Volk, als äßen sie Brot. Den Herrn rufen sie nicht an.
5 Dort trifft sie ein gewaltiger Schrecken, denn Gott ist beim Geschlecht der Gerechten.
6 Den Plan für den Armen wollt ihr vereiteln, wenn seine Zuflucht der Herr ist?
7 Wer bringt vom Zion her Rettung für Israel? / Wenn der Herr das Geschick seines Volkes wendet, jubelt Jakob, freut sich Israel.

Ist da jemand?

Dieser Psalm hat die Gottsucher, die Theologinnen und Theologen zu allen Zeiten sehr interessiert. Genau genommen sind es vor allem die ersten Worte des Psalms, an die sich die Gedanken immer wieder geheftet haben. „Der Tor sagt in seinem Herzen: Es gibt keinen Gott." Es gab wohl zu allen Zeiten Menschen, die nicht an Gott geglaubt haben, nicht an ein höheres Wesen, nicht an einen Schöpfer, nicht an Gottes Allmacht und Güte und schon gar nicht daran, dass da jemand ist, der die Gebete hört, wenn die Menschen zu ihm rufen und der sie auffängt, wenn sie in die Tiefe der Verzweiflung und des Todes fallen. Jedenfalls kennt der Psalmist schon solche Leute. Und sein Urteil darüber ist klar: So jemand ist ein Tor, ein Dummkopf, ein Verblendeter, der einen großen Fehler macht. An diesen Psalmworten haben sich die Menschen immer wieder festgeklammert und aufgerichtet, wenn die Zweifel kamen: Gottesleugner sind doof – das sagt schon die Bibel.

Aber, wenn ich es einmal ganz kritisch betrachte: Steckt da nicht ein großes Stück Abwehr drin? So nach dem Motto: Nein, nein, mit solchen Zweifeln fangen wir gar nicht erst an, das kommt uns nicht ins Haus, wir sind ja nicht blöd! Und ganz ehrlich gesagt: Geholfen hat das oft nicht wirklich gegen die Zweifel. Die Lebensbeschreibungen und Autobiographien vieler großer und berühmter Gottsucherinnen und Denker kennen schwere Zeiten der Gottesfinsternis. Zeiten, in denen alles ins Rutschen gerät, alle Gewissheiten zerbröseln und die trostspendende Gottesbeziehung verdunstet wie ein hingegossener Schluck Wasser in der Mittagssonne. Dann ist die letzte Zuflucht des Armen dahin und die Welt scheint ein trostloser Ort zu sein, an dem die Skrupellosen und Gemeinen immer gewinnen und das Dasein zerrinnt, ohne dass etwas davon bleibt. Der Tor scheint dann recht zu behalten und der Glaubende ist der Naive, der den alten Märchen auf den Leim gegangen ist. Was bleibt, ist aber die Sehnsucht danach, dass es anders ist, dass jemand mich hört und dass eine gütige Hand mich auffängt. Die Sehnsucht geht nicht weg und vielleicht ist sie tatsächlich so etwas wie ein kleiner Funken, der Ausschau halten lässt nach einem Licht in finsterer Nacht. Edith Stein hat den Glauben einmal als ein dunkles Licht beschrieben – das ist ein Paradox, ein Widerspruch in sich. Aber vielleicht ist es ja gerade das, was das Leben des Menschen ausmacht, was es so kompliziert und doch so faszinierend macht: Ich suche ein dunkles Licht und kann nicht aufhören, danach zu suchen. Wer meint, das ist Quatsch, das widerspricht dem gesunden Menschenverstand, so eine Rechnung geht nicht auf – der macht es sich vielleicht etwas zu einfach mit den Widersprüchlichkeiten des Lebens. Und wer es sich zu einfach macht, muss sich am Ende fragen, ob das nicht auch eine Torheit ist. Wem das jetzt alles zu tricky und zu kompliziert ist, um sich daran zu orientieren, dem bietet der Psalm noch einen ganz einfachen Kompass an, so als Bonus gewissermaßen: Gott ist die Zuflucht der Armen! Wer das ernst nimmt, macht schon mal nichts verkehrt.

Wer hat's geschrieben?

Wer die Psalmen „eigentlich" verfasst hat, ist eine Frage, auf die es aus der Sicht heutiger historisch-kritischer Textforschung nur sehr wenig Konkretes zu sagen gibt. Letztlich kennt man die Autoren nicht – zumindest nicht namentlich. Dass am Beginn vieler Psalmen die Bemerkung „ein Psalm Davids" oder „ein Psalm der Korachiter" steht, hilft da auch nicht viel weiter. Das hat etwas damit zu tun, dass es in der Lebenswelt, in der die alttestamentlichen Texte entstanden sind, die Vorstellung von einem Autor noch nicht so gab, wie sie uns heute geläufig ist. Es stellte sich gar nicht die Frage, wer einen Text geschrieben hat. Dementsprechend gab es weder die Plagiatsjäger von heute noch gab es überhaupt eine Vorstellung von einem Plagiat, einem Diebstahl geistigen Eigentums also. Viel wichtiger als die Frage „Wo kommt der Text her?" war, wenn man so will, die Frage „Wo gehört der Text hin?" Das heißt, man hat Texte in einen Sinnzusammenhang gestellt und sie deshalb einer Traditionslinie, einem geschichtlichen oder gedanklichen Wirkungsbereich zugeordnet. Und weil König David in der biblischen Gedankenwelt der Sänger- und Dichterkönig schlechthin war, wurden ihm besonders viele Psalmen zugeordnet, oder auch den Söhnen Korachs, den Korachitern, weil sie zur Zeit Davids als Torhüter und Musiker am Tempel tätig waren. Liebesgedichte hat man übrigens eher dem Sohn Davids, Salomon, zugeordnet, wie etwa die Liebeslieder im Hohelied. Aber bleiben wir bei den Psalmen. Wer steckt denn nun dahinter? Letztlich bleiben da nur recht vage Annahmen. Zum Teil ist es so, wie bei echten Volksliedern. Sie entstammen zuerst einmal einer mündlichen Tradition, das heißt, sie wurden nicht gleich aufgeschrieben, sondern gingen von Mund zu Mund, wurden dabei im Lauf der Zeit auch verändert, neu kombiniert und zusammengeschoben. Den Ursprung muss man sich dabei wohl nicht ausschließlich alttestamentlich, also israelitisch, vorstellen, sondern eher gesamt-altorientalisch. Da gab es einen regen kulturellen Austausch. Erst im Lauf der Zeit fanden die Psalmen Eingang ins biblische Schriftgut. Andere Psalmen sind wohl von Tempelbediensteten verfasst worden und waren Elemente der gottesdienstlichen Zeremonien am Tempel oder an anderen religiösen Orten. Schließlich gibt es noch die Anteile, für die man eher annehmen kann, dass sie von religiösen, spirituellen Dichtern als ganz persönlicher Ausdruck der Frömmigkeit verfasst wurden. All diese recht wenig zu fassenden Quellen haben den Traditionsstrom gespeist, der unter manch redaktioneller Überarbeitung zu dem wurde, was man zurecht als die Liedersammlung der jüdisch-christlichen Glaubenstradition bezeichnen kann. Die Vielfalt dieser Quellen und Traditionsprozesse trägt zum spirituellen Reichtum dieser weltgeschichtlich bedeutsamen Texte bis heute bei.

Psalm 15

Leben in Gottes Nähe

1 Ein Psalm Davids. Herr, wer darf Gast sein in deinem Zelt, wer darf weilen auf deinem heiligen Berg?
2 Der makellos lebt und das Rechte tut, der von Herzen die Wahrheit sagt,
3 der mit seiner Zunge nicht verleumdet hat, / der seinem Nächsten nichts Böses tat und keine Schmach auf seinen Nachbarn gehäuft hat.
4 Der Verworfene ist in seinen Augen verachtet, / aber die den Herrn fürchten, hält er in Ehren. Er wird nicht ändern, was er zum eigenen Schaden geschworen hat.
5 Sein Geld hat er nicht auf Wucher verliehen und gegen den Schuldlosen nahm er keine Bestechung an. Wer das tut, der wird niemals wanken.

Gott, ich und die anderen

Am Anfang dieses Psalms steht eine Frage, der Rest sind Antworten darauf. Es geht um das Betreten des Zions-Berges, des heiligen Tempelbezirks. Man kann sich ganz gut vorstellen, dass der Psalm auf eine Art Pilger-Lied zurückgeht, das man auf dem Weg zum Heiligtum gesungen hat. Oder es ist sogar so etwas wie eine „Einlass-Liturgie", bei der die Pilger vor den Toren noch einmal aufgefordert werden: Prüft euch selbst auf Herz und Nieren, ob ihr innerlich vorbereitet und geläutert seid, um dann tatsächlich in den Vorhof Gottes einzutreten! Wie auch immer. Mir fällt auf, dass die Nähe zu Gott, die der Pilger ja ganz konkret beim Besuch des Tempelberges sucht, in enge Verbindung mit seinem Verhältnis zu seinen Mitmenschen gebracht wird. Wenn du mit Gott in eine nahe Beziehung kommen willst, dann musst du auch auf deine Beziehung zu den Menschen schauen! Lügen, verleumden, andere schlecht machen und Böses tun, passen da nicht dazu, Meineid schon gar nicht. Zum Schluss wird es dann ganz konkret: Man soll kein Geld gegen Wucherzinsen verleihen und keine Bestechung gegen Schuldlose annehmen. Wenn ich mich frage, was das mit mir und meinem Leben zu tun haben könnte, ist klar, dass Lügen und Verleumden eine üble Sache sind. Ich bin kein hinterhältiger Intrigant. Aber vielleicht sind Lästern und Tratschen ja die „kleinen Geschwister" von Lüge und Verleumdung? Ich meine, man darf schon auch mal eine scherzhafte Bemerkung machen. Die Frage ist nur, wie viel wirkliche Bosheit und wie viel verdecktes Übel-wollen in solchen Gesprächen steckt. Da lohnt sich eine Selbst-Prüfung. Wie ist es aber mit Wucher und Bestechung – zumal, wenn man weder ein zwielichtiger Bänker noch ein fehlgeleiteter Politiker ist? Hat das überhaupt eine Relevanz für mein Leben? Vielleicht ist es sinnvoll, da mal unter der Perspektive „ich und die anderen" einen etwas grundsätzlicheren Blick drauf zu werfen. Es geht ja um die Frage: Versuche ich aus meinen Beziehungen zu den anderen auf ungerechte und egoistische Weise etwas für mich herauszuholen? Oder – um es noch allgemeiner zu formulieren: Wie gehe ich mit meinen Beziehungen um? Nutze ich andere aus? Betrachte ich Beziehungen zu anderen Menschen in erster Linie unter dem Aspekt: Was bringt mir das? Interessiere ich mich für andere nur so lange ich mir etwas von ihnen verspreche? Wie ist es, wenn ich merke, da braucht mich jemand, auch wenn ich selbst nichts davon habe? Klar, Beziehungen sind eine komplizierte Sache, gerade wenn es um intensivere Beziehungen geht. Es hat ja auch keine Zukunft, wenn ich ständig das Gefühl habe, ausgenutzt zu werden. Aber nur auf den eigenen „Profit" schauen, das geht eben auch nicht. So wird es schließlich doch recht interessant mit dem „Pilger-Test".

Psalm 16

Gott, Anteil und Leben seiner Getreuen

1 Ein Lied Davids. Behüte mich, Gott, denn bei dir habe ich mich geborgen! /
2 Ich sagte zum Herrn: Mein Herr bist du, mein ganzes Glück bist du allein.
3 An den Heiligen, die im Land sind, an den Herrlichen habe ich all mein Gefallen:
4 Zahlreich sind die Schmerzen derer, die einem anderen Gott nacheilen. / Ich will ihre Trankopfer von Blut nicht spenden, ich nehme ihre Namen nicht auf meine Lippen.
5 Der Herr ist mein Erbanteil, er reicht mir den Becher, du bist es, der mein Los hält.
6 Die Messschnur fiel mir auf liebliches Land. Ja, mein Erbe gefällt mir.
7 Ich preise den Herrn, der mir Rat gibt, auch in Nächten hat mich mein Innerstes gemahnt.
8 Ich habe mir den Herrn beständig vor Augen gestellt, weil er zu meiner Rechten ist, wanke ich nicht.
9 Darum freut sich mein Herz und jubelt meine Ehre, auch mein Fleisch wird wohnen in Sicherheit.
10 Denn du überlässt mein Leben nicht der Totenwelt; du lässt deinen Frommen die Grube nicht schauen.
11 Du lässt mich den Weg des Lebens erkennen. / Freude in Fülle vor deinem Angesicht, Wonnen in deiner Rechten für alle Zeit.

Ohne Selbstgerechtigkeit

Zuerst, als ich den Psalm las, dachte ich: Ist ja schon ein bisschen selbstgerecht! Klingt so nach „Ich bin ein ganz Toller, ich hab alles richtig gemacht!“ Aber auf den zweiten Blick geht es hier gar nicht um Selbstlob. Letztlich ist es doch Gott, der Herr, dem das Lob und die Freude gelten. Es dreht sich nicht um „Ich bin super!“, sondern um „Du, Gott, bist großartig!“ Es ist eigentlich so etwas wie eine Liebeserklärung an einen Geliebten, mit dem man schon eine ziemliche Geschichte hat, der einem seit langem vertraut ist. Und ein bisschen zwischen dankbarem Rückblick und zuversichtlichem Blick nach vorne geht es darum, in der Tiefe der eigenen Seele nachzukramen und dabei immer wieder zu dem Schuss zu kommen: Das war wirklich gut, dass ich mich auf dich eingelassen habe. Es hat sich wirklich bewährt und hat meinem Leben Halt gegeben, dass ich das mit dir ernst genommen habe. Dass du in meinem Leben da bist, das ist ein richtiges Glück für mich! So ungefähr kommt mir dieser dankbare Rückblick des Psalmisten vor, so spricht er zu seinem Gott. Dann ergibt sich daraus auch ein gutes Stück Zuversicht: Ja, das wird auch in Zukunft tragen, darauf kann und will ich mich weiterhin verlassen. Ich brauche nicht nach einem anderen Glück Ausschau halten, weil du mir noch so viel zu bieten hast. Gerade wenn man an die schweren Zeiten denkt, die ja noch kommen können, gibt das Hoffnung und Zuversicht: Die Sorgen, Ängste und Schmerzen werden nicht ausbleiben, aber wenn du bei mir bist, dann weiß ich, dass ich da nicht allein durchgehen muss.

Solche Gedanken bleiben gerade zwischen alternden Paaren oder auch zwischen alten Freunden meistens eher unausgesprochen. Man meint, dass die andere oder der andere das schon weiß und dass das irgendwie eh klar ist zwischen uns. Aber trotzdem ist es gut, wenn es wenigstens ab und zu mal ausgesprochen wird, weil es vielleicht doch nicht so selbstverständlich ist und weil es guttut – und zwar nicht nur dem, dem es gesagt wird, sondern auch der, die es ausspricht. Aber genau das ist es, was Psalmen ganz allgemein machen und dieser hier besonders: Er sagt es gerade heraus, wie gut es tut, an der eigenen Zuneigung zu Gott festzuhalten. Klar, das ist ein Stück Selbstvergewisserung, aber letztlich ohne Selbstgerechtigkeit.

Psalm 18

Danklied des Königs für Hilfe und Sieg

1 Für den Chormeister. Vom Knecht des Herrn, David, der dem Herrn die Worte dieses Liedes sagte an dem Tag, als ihn der Herr aus der Hand all seiner Feinde und aus der Hand Sauls errettet hatte. Er sprach:
2 Ich will dich lieben, Herr, meine Stärke,
3 Herr, du mein Fels und meine Burg und mein Retter; mein Gott, mein Fels, bei dem ich mich berge, / mein Schild und Horn meines Heils, meine Zuflucht.
4 Ich rufe: Der Herr sei hoch gelobt! und ich werde vor meinen Feinden gerettet.
5 Mich umfingen die Fesseln des Todes und die Fluten des Verderbens erschreckten mich.
6 Mich umstrickten die Fesseln der Unterwelt, über mich fielen die Schlingen des Todes.
7 In meiner Not rief ich zum Herrn und schrie zu meinem Gott, er hörte aus seinem Tempel meine Stimme, mein Hilfeschrei drang an seine Ohren.
8 Da wankte und schwankte die Erde, / die Grundfesten der Berge erbebten. Sie wankten, denn sein Zorn war entbrannt.
9 Rauch stieg aus seiner Nase auf, / aus seinem Mund kam verzehrendes Feuer, glühende Kohlen sprühten von ihm aus.
10 Er neigte den Himmel und fuhr herab, zu seinen Füßen dunkle Wolken.
11 Er fuhr auf dem Kerub und flog daher; er schwebte auf den Flügeln des Windes.

12 Er machte Dunkelheit zu seinem Versteck, / zu seiner
Hütte um sich herum, dunkle Wasser, dichte Wolken.
13 Aus dem Glanz vor ihm brachen seine Wolken hervor,
Hagel und feurige Kohlen.
14 Da ließ der Herr den Donner im Himmel erdröhnen, / der
Höchste ließ seine Stimme erschallen: Hagel und feurige
Kohlen.
15 Da schoss er seine Pfeile und streute sie, er schleuderte
Blitze und jagte sie dahin.
16 Da wurden sichtbar die Tiefen des Wassers, die Grund-
festen der Erde wurden entblößt vor deinem Drohen,
Herr, vor dem Schnauben deines zornigen Atems.
17 Er griff aus der Höhe herab und fasste mich, zog mich he-
raus aus gewaltigen Wassern.
18 Er entriss mich meinem mächtigen Feind und meinen
Hassern, denn sie waren stärker als ich.
19 Sie überfielen mich am Tag meines Unheils, doch der Herr
wurde mir zur Stütze.
20 Er führte mich hinaus ins Weite, er befreite mich, denn er
hatte an mir Gefallen.
21 Der Herr handelte gut an mir nach meiner Gerechtigkeit,
vergalt mir nach der Reinheit meiner Hände.
22 Denn ich hielt mich an die Wege des Herrn und fiel nicht
ruchlos ab von meinem Gott.
23 Ja, ich habe alle seine Entscheide vor mir, weise seine Sat-
zungen nicht von mir ab.
24 Ich war vor ihm ohne Makel, ich nahm mich in Acht vor
meiner Sünde.

25 Darum hat der Herr mir vergolten nach meiner Gerechtigkeit, nach der Reinheit meiner Hände vor seinen Augen.

26 Gegen den Treuen zeigst du dich treu, lauter handelst du am Lauteren.

27 Gegen den Reinen zeigst du dich rein, doch falsch gegen den Falschen.

28 Ja, du rettest das elende Volk, doch die Blicke der Stolzen zwingst du nieder.

29 Ja, du lässt meine Leuchte erstrahlen, der Herr, mein Gott, macht meine Finsternis hell.

30 Ja, mit dir überrenne ich Scharen, mit meinem Gott überspringe ich Mauern.

31 Gott, sein Weg ist lauter, / das Wort des Herrn ist im Feuer geläutert. Ein Schild ist er für alle, die sich bei ihm bergen.

32 Denn wer ist Gott außer dem Herrn, wer ist ein Fels, wenn nicht unser Gott?

33 Gott hat mich mit Kraft umgürtet und vollkommen machte er meinen Weg.

34 Schnell wie Hirschkühe ließ er mich springen, auf Höhen hat er mich hingestellt.

35 Er lehrte meine Hände zu kämpfen, meine Arme, den ehernen Bogen zu spannen.

36 Du gabst mir deine Rettung zum Schild, deine Rechte stützte mich; / deine Zuneigung machte mich groß.

37 Du schufst weiten Raum meinen Schritten, meine Knöchel wankten nicht.

38 Ich verfolge meine Feinde und hole sie ein, ich kehre nicht um, bis sie vernichtet sind.

39 Ich schlage sie nieder; / sie können nicht mehr aufstehen,
sie fallen und liegen unter meinen Füßen.
40 Du hast mich zum Kampf mit Kraft umgürtet, hast in die
Knie gezwungen, die gegen mich aufstehn.
41 Den Nacken meiner Feinde gabst du mir preis, ich konnte
die vernichten, die mich hassen.
42 Sie schreien, doch da ist kein Retter, zum Herrn, doch er
gab keine Antwort.
43 Ich zermalme sie zu Staub vor dem Wind, schütte sie auf
die Straße wie Unrat.
44 Du rettest mich vor Anfeindungen des Volks, / du machst
mich zum Haupt über Nationen, ein Volk, das ich früher
nicht kannte, wird mir dienen.
45 Sobald ihr Ohr hört, sind sie mir gehorsam, mir schmei-
cheln die Söhne der Fremde.
46 Den Söhnen der Fremde schwindet die Kraft, sie kommen
zitternd aus ihren Burgen hervor.
47 Es lebt der Herr, gepriesen sei mein Fels. Der Gott meiner
Rettung sei hoch erhoben.
48 Gott, der mir Vergeltung verschaffte, er unterwarf mir
Völker.
49 Du rettest mich vor meinen zornigen Feinden, / du er-
höhst mich über die, die gegen mich aufstehen, du ent-
reißt mich dem Mann der Gewalt.
50 Darum will ich dir danken, Herr, inmitten der Nationen,
ich will deinem Namen singen und spielen.
51 Seinem König verleiht er große Hilfe, / Huld erweist er
seinem Gesalbten, David und seinem Stamm auf ewig.

Feuerwerk

Mir kommt dieser – ziemlich lange – Psalm vor wie ein Feuerwerk. Nicht nur die Bilder, die an einen Vulkanausbruch erinnern, bringen mich darauf. Der ganze Psalm sprüht vor lauter kraftvollen Sprachbildern – im Guten wie im Schlechten, wenn man so will. Man kann sich, finde ich, gut vorstellen, wie dieser Psalm Teil eines königlichen Gottesdienstes war und dabei feierlich vorgetragen wurde. Dass dabei der König in der Ich-Form über den grünen Klee gelobt wird, hake ich mal als Hofzeremoniell ab. So ein „Heiliger“ war König David, dem der Psalm zugeschrieben wird ja nun nicht gerade. Aber mit so einer Zuschreibung hat die biblische Tradition offensichtlich kein Problem (siehe die Überlegungen zum Thema „Autorenschaft“). Nach meinem Eindruck merkt man diesem Psalm deutlich an, dass seine Verse aus alten Quellen gespeist werden. Motive tauchen auf, die an Naturgottheiten erinnern, sei es ein Vulkangott, eine Sturm- oder eine Meeresgottheit. Auch Aspekte, die deutlich an einen Kriegsgott erinnern, spielen eine starke Rolle. Das ist natürlich für heutige Ohren schwer verdaulich: Ein Gott, der tatkräftig beim Vernichten der Feinde hilft. Am ehesten kann ich das für mich einsortieren, wenn ich es als Bestandteile eines archaischen Herrscher-Ritus betrachte.

Aber dann sind da auch diese unglaublichen Sprachbilder von einem befreienden, beschützenden, behütenden Gott: Er fasste mich, zog mich heraus aus gewaltigen Wassern … er führte mich hinaus ins Weite … er lässt meine Leuchte erstrahlen und macht meine Finsternis hell … mit meinem Gott überspringe ich Mauern … er ist wie ein Fels und umgürtet mich mit Kraft ... er lässt mich schnell wie Hirschkühe springen ... seine Zuneigung machte mich groß ... er schafft weiten Raum meinen Schritten ...

Ich finde, das lässt alle Herrscherzeremonie und alles Kriegsgetöse weit hinter sich. Das sind Bilder, die für sich alleine stehen und die eine Religion, eine „religio", d.h. eine Rückbindung an Gott, zum Ausdruck bringen, die einem den Schauer der Faszination über den Rücken laufen lassen können. Dieser Gott ist da und er ist für mich da. In dieser Weise und mit diesen Bildern an ihn zu denken, erfüllt mich mit Zuversicht und setzt Kräfte in mir frei. So wird der Gottesbezug zu einer inneren Quelle, die Stärke und Mut für den Alltag gibt. Das Leben hat ja wahrlich genug an Lähmendem, an Finsternis, Enge, Mauern, Überflutungen und Gräueln für uns Menschen bereit. Die Bilder dieses Psalms beten mit der ganzen Macht des ausgesprochenen Wortes dagegen an. Da kann man natürlich einwenden: Welche Macht haben schon Worte und Bilder? Aber ich glaube, man darf das nicht zu gering einschätzen. Es sind Worte und Bilder der Hoffnung auf den, der größer ist als mein Leben und meine Probleme. Religion heißt auch, Gott groß sein lassen – und das macht der Psalm.

Psalm 19

Lob auf Gottes Schöpfung und Weisung

1 Für den Chormeister. Ein Psalm Davids.
2 Die Himmel erzählen die Herrlichkeit Gottes und das Firmament kündet das Werk seiner Hände.
3 Ein Tag sagt es dem andern, eine Nacht tut es der andern kund,
4 ohne Rede und ohne Worte, ungehört bleibt ihre Stimme.
5 Doch ihre Botschaft geht in die ganze Welt hinaus, / ihre Kunde bis zu den Enden der Erde. Dort hat er der Sonne ein Zelt gebaut.
6 Sie tritt aus ihrem Gemach hervor wie ein Bräutigam; sie frohlockt wie ein Held, ihre Bahn zu laufen.
7 Am einen Ende des Himmels geht sie auf / und läuft bis ans andere Ende; nichts kann sich vor ihrer Glut verbergen.
8 Die Weisung des Herrn ist vollkommen, sie erquickt den Menschen. Das Zeugnis des Herrn ist verlässlich, den Unwissenden macht es weise.
9 Die Befehle des Herrn sind gerade, sie erfüllen das Herz mit Freude. Das Gebot des Herrn ist rein, es erleuchtet die Augen.
10 Die Furcht des Herrn ist lauter, sie besteht für immer. Die Urteile des Herrn sind wahrhaftig, gerecht sind sie alle.
11 Sie sind kostbarer als Gold, als Feingold in Menge. Sie sind süßer als Honig, als Honig aus Waben.
12 Auch dein Knecht lässt sich von ihnen warnen; reichen Lohn hat, wer sie beachtet.

13 Versehentliche Fehler, wer nimmt sie wahr? Sprich mich frei von verborgenen Sünden!
14 Verschone deinen Knecht auch vor vermessenen Menschen; sie sollen nicht über mich herrschen! Dann bin ich vollkommen und frei von schwerer Sünde.
15 Die Worte meines Munds mögen dir gefallen; / was ich im Herzen erwäge, stehe dir vor Augen, Herr, mein Fels und mein Erlöser.

Welt-Bilder

Dass die Texte der Bibel vor dem Hintergrund eines naturwissenschaftlich völlig überholten altorientalischen Weltbilds entstanden sind, ist nichts Neues und kann eigentlich niemanden mehr überraschen. Auch in diesem Psalm sticht das sofort ins Auge. Natürlich kreist, naturwissenschaftlich gesehen, die Sonne nicht um die Erde und natürlich wohnt sie nachts nicht in einem Zelt. Haben diese Psalmverse dadurch ihre Bedeutung oder ihre Aussagekraft verloren? Natürlich nicht, würde ich sagen. Es geht hier auch nicht um eine naturwissenschaftliche Beschreibung, sondern es geht erst einmal um Sprachbilder, genau genommen um Sprachbilder, die sich auf die unmittelbare Alltagserfahrung beziehen. Wir sprechen ja auch heute noch ganz selbstverständlich von Sonnenaufgang und Sonnenuntergang, obwohl jedes Kind weiß, dass die Sonne nicht hinter dem Horizont verschwindet, sondern die Erde sich dreht, sodass der eigene Standpunkt auf der Erde von der Sonne weggedreht wird. Diese Ausdrucksweise liegt auch gar nicht daran, dass unsere Sprache naturwissenschaftlich veraltet wäre, sondern vielmehr daran, dass sie sich nicht auf die naturwissenschaftliche Erklärung bezieht, sondern auf die Alltagserfahrung. Und wenn ich die Abendsonne anschaue, dann sehe ich ihr zu, wie sie hinter dem Horizont verschwindet und somit eben untergeht. Aber jetzt mal ehrlich: Super schön sind diese Sprachbilder schon! Die Himmel, die ohne Worte von der Herrlichkeit Gottes erzählen, die Tage und die Nächte, die sich gegenseitig schweigend und doch unüberhörbar die Botschaft von seiner Größe ausrichten und die Sonne, die frohlockt wie ein Held. Mir kommen da Bilder von Sommertagen in den Sinn – von Tagen, die mir in ganz besonderer Weise als Geschenke bewusst sind. Klar gibt es auch die anderen, die grauen Tage und die schweren bleiernen Tage. Aber es gibt eben auch diese besonders wundervollen Tage, nach denen man sich in finsteren Zeiten sehnt. Und es macht etwas mit mir, wenn ich diese Tage mit einer inneren Haltung der Dankbarkeit annehme. Dann sind sie tatsächlich auch in meinem heutigen modernen Alltagsleben Botschafter für die Größe Gottes.

Psalm 20

Bitte um Gottes Hilfe für den König

1 Für den Chormeister. Ein Psalm Davids.

2 Der Herr antworte dir am Tag der Bedrängnis, der Name des Gottes Jakobs schütze dich.

3 Er sende dir Hilfe vom Heiligtum und vom Zion her stütze er dich.

4 Er gedenke all deiner Gaben und dein Brandopfer möge ihm köstlich sein. [Sela]

5 Er schenke dir, was dein Herz begehrt, und er erfülle all dein Planen.

6 Wir wollen jubeln über deine Hilfe / und im Namen unseres Gottes das Banner erheben. Der Herr erfülle all deine Bitten.

7 Nun hab ich erkannt: Der Herr schafft Rettung seinem Gesalbten.

Er antwortet ihm von seinem heiligen Himmel her / mit der rettenden Kraft seiner Rechten.

8 Diese setzen auf Wagen, jene auf Rosse, wir aber bekennen den Namen des Herrn, unsres Gottes.

9 Sie sind gestürzt und gefallen; wir aber bleiben aufrecht und stehen.

10 Schaff doch Rettung, Herr! Der König antworte uns am Tag, da wir rufen.

Wünsch dir was!

„Er schenke dir, was dein Herz begehrt, und er erfülle all dein Planen." Das klingt fast wie eine Glückwunschkarte: Mögen alle deine Träume in Erfüllung gehen! Dabei weiß jeder, der so eine Karte bekommt: Das ist ein frommer Wunsch und in Wirklichkeit kommt es meistens ganz anders. Und selbst am „Tag der Bedrängnis" bin ich nicht sicher, dass meine Stoßgebete etwas helfen. Das echte Leben muss ich so nehmen, wie es kommt. Manchmal ist das sogar ganz gut so. „Über die erhörten Gebete werden mehr Tränen vergossen als über die nicht erhörten", hat die große Mystikerin Theresa von Avila einmal gesagt, und wenn ich auf mein Leben zurückschaue, gibt es so allerhand Wünsche, von denen ich mir heute denke: Gott sei Dank ist daraus nichts geworden! Trotzdem höre ich nicht auf, mir etwas für mein Leben zu wünschen und hoffe und bitte inständig, dass daraus etwas wird – gerade so, wie es der Psalmbeter hier für den König tut. Wie ist das also mit dem Wünschen? Soll ich mir etwas Gutes für mein Leben wünschen oder ist es besser, auf alle Wünsche zu verzichten und in einer frommen Schicksalsergebenheit zu beten: Herr, schick mir was auch immer, ich nehme alles gelassen und ungerührt hin. Vielleicht ist das ja sogar ein Heiligen-Ideal: Ohne jeden eigenen Wunsch auf Gottes Fügung zu vertrauen. Für mich ist das, glaube ich, aber nichts. Viel zu sehr bin ich in meinen Alltag verstrickt, in dem es nun einmal Pläne und Überlegungen und eine vernünftige Vorsorge braucht. Wenn man aber Pläne macht, dann will man doch auch, dass sie einigermaßen gelingen. Wenn es wichtige Pläne sind, hängt man sein Herz daran und dann gehört zum Gebet auch die Bitte um Gelingen – darum eben, dass die Wünsche in Erfüllung gehen. Ich finde das zutiefst menschlich und auch in Ordnung. Insofern: Ja, wenn ich jemandem etwas Gutes wünschen möchte, dann darf ich ihm auch wünschen, dass seine Träume in Erfüllung gehen. Allerdings muss ich mir dabei eine Sache vor Augen halten: Es geht um einen Wunsch, nicht um eine verbindliche Bestellung. Ich kenne die Zukunft nicht und muss mich – bei allen guten Wünschen – darauf einlassen. Ich glaube, das ist wichtig: Alle noch so perfekte Planung, alle wasserdichte Vorsorge kann das Gelingen nicht garantieren. Würde ich allein darauf vertrauen, wäre ich wohl wie diejenigen, von denen der Psalm sagt, sie setzen auf Wagen oder Rosse und stürzen und fallen schließlich doch. Der Psalm empfiehlt stattdessen, den Namen des Herrn, unseres Gottes zu bekennen und ich glaube, er meint damit: Vertrau deine Wünsche und Hoffnungen, deine Pläne und Vorkehrungen zuletzt ihm, unserem Gott, an. Ich finde, das ist ein sehr schöner Gedanke: Ich darf mir wünschen, dass meine und deine Träume in Erfüllung gehen und zugleich darf ich auch darauf vertrauen, dass der Traum Gottes für mich immer größer ist – was auch immer aus meinen Träumen wird.

Psalm 22

Gottverlassenheit und Rettung des todgeweihten Armen

1 Für den Chormeister. Nach der Weise Hinde der Morgenröte. Ein Psalm Davids.

2 Mein Gott, mein Gott, warum hast du mich verlassen, bleibst fern meiner Rettung, den Worten meines Schreiens?

3 Mein Gott, ich rufe bei Tag, doch du gibst keine Antwort; und bei Nacht, doch ich finde keine Ruhe.

4 Aber du bist heilig, du thronst über dem Lobpreis Israels.

5 Dir haben unsere Väter vertraut, sie haben vertraut und du hast sie gerettet.

6 Zu dir riefen sie und wurden befreit, dir vertrauten sie und wurden nicht zuschanden.

7 Ich aber bin ein Wurm und kein Mensch, der Leute Spott, vom Volk verachtet.

8 Alle, die mich sehen, verlachen mich, verziehen die Lippen, schütteln den Kopf:

9 Wälze die Last auf den Herrn! Er soll ihn befreien, er reiße ihn heraus, wenn er an ihm Gefallen hat!

10 Du bist es, der mich aus dem Schoß meiner Mutter zog, der mich anvertraut der Brust meiner Mutter.

11 Von Geburt an bin ich geworfen auf dich, vom Mutterleib an bist du mein Gott.

12 Sei mir nicht fern, denn die Not ist nahe und kein Helfer ist da!

13 Viele Stiere haben mich umgeben, Büffel von Baschan mich umringt.

14 Aufgesperrt haben sie gegen mich ihren Rachen, wie ein
reißender, brüllender Löwe.
15 Hingeschüttet bin ich wie Wasser, gelöst haben sich all
meine Glieder, mein Herz ist geworden wie Wachs, in
meinen Eingeweiden zerflossen.
16 Meine Kraft ist vertrocknet wie eine Scherbe, / die Zunge
klebt mir am Gaumen, du legst mich in den Staub des
Todes.
17 Denn Hunde haben mich umlagert, / eine Rotte von
Bösen hat mich umkreist. Sie haben mir Hände und Füße
durchbohrt.
18 Ich kann all meine Knochen zählen; sie gaffen und starren
mich an.
19 Sie verteilen unter sich meine Kleider und werfen das Los
um mein Gewand.
20 Du aber, Herr, halte dich nicht fern! Du, meine Stärke, eile
mir zu Hilfe!
21 Entreiß mein Leben dem Schwert, aus der Gewalt der
Hunde mein einziges Gut!
22 Rette mich vor dem Rachen des Löwen und vor den Hör-
nern der Büffel! – / Du hast mir Antwort gegeben.
23 Ich will deinen Namen meinen Brüdern verkünden, in-
mitten der Versammlung dich loben.
24 Die ihr den Herrn fürchtet, lobt ihn; / all ihr Nachkom-
men Jakobs, rühmt ihn; erschauert vor ihm, all ihr Nach-
kommen Israels!
25 Denn er hat nicht verachtet, nicht verabscheut des Elen-
den Elend. Er hat sein Angesicht nicht verborgen vor ihm;
er hat gehört, als er zu ihm schrie.

26 Von dir kommt mein Lobpreis in großer Versammlung,
ich erfülle mein Gelübde vor denen, die ihn fürchten.
27 Die Armen sollen essen und sich sättigen; / den Herrn
sollen loben, die ihn suchen. Aufleben soll euer Herz für
immer.
28 Alle Enden der Erde sollen daran denken / und sich zum
Herrn bekehren: Vor dir sollen sich niederwerfen alle
Stämme der Nationen.
29 Denn dem Herrn gehört das Königtum; er herrscht über
die Nationen.
30 Es aßen und warfen sich nieder alle Mächtigen der Erde.
Alle, die in den Staub gesunken sind, sollen vor ihm sich
beugen. Und wer sein Leben nicht bewahrt hat,
31 Nachkommen werden ihm dienen. Vom Herrn wird man
dem Geschlecht erzählen, das kommen wird. /
32 Seine Heilstat verkündet man einem Volk, das noch gebo-
ren wird: Ja, er hat es getan.

Trotzdem

Man kommt um diesen Psalm nicht herum. Er hat eine besondere Prominenz, weil der biblischen Überlieferung nach Jesus am Kreuz den ersten Vers dieses Psalms kurz vor seinem Tod ausgerufen hat: „Mein Gott, mein Gott, warum hast du mich verlassen." Auch hinsichtlich anderer Verse gibt es Rückbezüge vom Leiden und Sterben Jesu auf die alttestamentlichen Verheißungen. Man denke nur an „Sie verteilen unter sich meine Kleider und werfen das Los um mein Gewand" und ganz besonders: „Sie haben mir Hände und Füße durchbohrt." Für die frühen Christen waren diese Bezüge sehr wichtig, um das Unbegreifliche des Todes und der Auferstehung Jesu fassen zu können. Der Gedanke: Musste nicht alles das geschehen, wie es in den Schriften steht? war eine Art Schlüssel des Verstehens für sie. Daraus konnten sich Deutung und theologische Reflexion entwickeln. Bis heute hat dieser Psalm auch einen eigenen Platz in der Liturgie des Gründonnerstags und wird gebetet, wenn nach der Eucharistiefeier der Altar als Zeichen der Trauer vollständig leergeräumt und entblößt wird.

Aber auch wenn man den Psalm ohne diesen Hintergrund liest, ist er sehr eindrucksvoll. Der Psalmbeter fällt schon fast mit der Tür ins Haus, wenn er seine Gottverlassenheit seinem Gott geradezu entgegenschleudert. Er lässt nicht den Hauch eines Zweifels daran, dass er sich in einer absolut katastrophalen Lage befindet. Er wird gar nicht müde, in allen Farben zu schildern, wie sehr er am Ende ist mit seinem Latein und mit seinen Kräften. Es wird schlimmer und schlimmer und er erfährt keine Hilfe von Gott. Wie die Hunde umlagern ihn seine Gegner und alle scheinen nur darauf zu warten, dass sie ihn endgültig in Stücke reißen können. Es ist so gut wie aus mit ihm und Gott gibt immer noch keine Antwort.

Trotzdem – trotz all dieser Verzweiflung und Hoffnungslosigkeit und trotz des Schweigens Gottes ist da dieser Vers: „Aber du bist heilig, du thronst über dem Lobpreis Israels." Das „Trotzdem" hat da schon etwas Buchstäbliches. Es ist tatsächlich so etwas wie Trotz, den ich da heraushöre. Mir kommt es so vor, als sage dieser Psalm: Mir kann es noch so dreckig gehen und mein Gott kann sich noch so sehr taub stellen. Ich lasse mich nicht davon abbringen, meine letzte Hoffnung auf ihn zu setzen. Er ist und bleibt mein Gott, der schon die Väter gerettet hat! Diese Haltung finde ich sehr beeindruckend. Da steht einer nicht nur zu seinen Überzeugungen, er steht auch zu seinen Hoffnungen, selbst gegen alle Hoffnungslosigkeit. So betrachtet ist der Vers „Mein Gott, mein Gott, warum hast du mich verlassen“ kein Ausdruck von Zweifel oder gar Verzweiflung, sondern von so etwas wie trotziger Hoffnung. Das passt zur Gestalt Jesu, wie sie in den neutestamentlichen Schriften überliefert wird. Zugleich ist es auch ein Anruf, der tief in der Seele trifft: Lass die Hoffnung nicht fahren, trotz allem!

Heilige Texte?

Die Psalmen stehen in der Bibel im Alten Testament. Damit gehören sie zu den heiligen Schriften des Judentums und des Christentums. Was bedeutet das eigentlich für die Gläubigen? Klar, es sind altehrwürdige Texte, das ergibt sich ja schon aus ihrem Alter und ihrer Überlieferungsgeschichte. Welcher Text kann schon auf eine mehr als zweitausendfünfhundert-jährige Tradition zurückblicken? In dieser Zeit sind die Psalmen ununterbrochen weitergegeben, abgeschrieben, übersetzt, gedruckt, weltweit verbreitet und dabei immer auch für den Gottesdienst und das Gebet verwendet worden. Das allein macht sie schon ehrwürdig und ehrfurchtgebietend: Sie sind ein Stück literarisches Menschheitsvermächtnis. Angesichts dessen finde ich die Frische und die emotionale Kraft mancher Psalmen wirklich bewundernswert.

Aber natürlich haben die Psalmen nicht nur literarische Bedeutung. Sie sind auch ein sprituell-religiöses Vermächtnis: Heilige Schriften. Das entrückt diese Texte aber nicht in eine Sphäre der Unberührbarkeit – im Gegenteil. Wenn wir heutige Menschen aus diesen alten Texten aus einer längst vergangenen Zeit etwas lernen wollen, dann müssen wir sie auch kritisch anschauen, müssen in Rechnung stellen, dass sich Perspektiven, Weltbilder, Lebensweisen und Alltagssituationen ganz erheblich gewandelt haben. Deshalb dürfen wir auch diese heiligen Texte kritisch und prüfend betrachten, um so etwas wie eine eigentliche Botschaft herauszufinden – philosophisch ist das schwierig, aber ich sage es trotzdem mal so. Damit kratzen wir nicht an der Heiligkeit dieser Texte, im Gegenteil, wir ehren sie dadurch viel mehr, als wenn wir sie im Bücherschrank verstauben lassen. Das haben sie nämlich wirklich nicht verdient.

Die Texte haben uns etwas zu erzählen: über die Menschen, die sie gedichtet, aufgeschrieben und gebetet haben. Und sie erzählen über die Gotteserfahrung, die diese Menschen gemacht haben, über die Art und Weise, wie Gott ihnen begegnet ist, wie sie ihn gefunden haben: in der Natur, die sie als seine Schöpfung begriffen; in den Ereignissen ihres Lebens und ihrer Geschichte, die sie als seine Vorsehung zu verstehen versuchten; in den Begegnungen mit Menschen, die sie als seine Geschöpfe betrachteten. In diesen Gotteserfahrungen, die uns bis auf den heutigen Tag überliefert sind, können auch wir heutige Leser etwas darüber erfahren, was Gott bedeutet, wie er zu verstehen ist und auch wie er nicht zu verstehen ist.

Psalm 23

Der gute Hirte

1 Ein Psalm Davids. Der Herr ist mein Hirt, nichts wird mir fehlen.
2 Er lässt mich lagern auf grünen Auen und führt mich zum Ruheplatz am Wasser.
3 Meine Lebenskraft bringt er zurück. / Er führt mich auf Pfaden der Gerechtigkeit, getreu seinem Namen.
4 Auch wenn ich gehe im finsteren Tal, ich fürchte kein Unheil; denn du bist bei mir, dein Stock und dein Stab, sie trösten mich.
5 Du deckst mir den Tisch vor den Augen meiner Feinde. Du hast mein Haupt mit Öl gesalbt, übervoll ist mein Becher.
6 Ja, Güte und Huld werden mir folgen mein Leben lang / und heimkehren werde ich ins Haus des Herrn für lange Zeiten.

Der Klassiker

Das ist mit Sicherheit und großem Abstand der bekannteste und am meisten zitierte aller Psalmen und einer der prominentesten Texte der ganzen Bibel. Es ist mit ihm ein bisschen wie mit den „Vier Jahreszeiten“ von Vivaldi oder der „Kleinen Nachtmusik“ von Mozart. Er hat einen hohen Wiedererkennungswert, gehört zum allgemeinen Kulturgut und ist schon zu oft zitiert, als dass man ihn noch so richtig wahrnehmen würde. Man kann darüber streiten, ob er tatsächlich der schönste, tollste, faszinierendste aller Psalmen ist, aber er hat natürlich schon etwas, was die Menschen anspricht. Das Bild vom guten Hirten ist ja an sich schon ein mehrfach wiederkehrendes Motiv in der Bibel. Auch wenn man heutzutage kaum noch einem Hirten begegnet, der mit seiner Herde durch die Landschaft zieht, spricht dieses Bild wohl noch ganz gut zu den Menschen. Ein Hirte ist ein Kümmerer, einer der hütet und behütet. Das rührt eine tiefsitzende Sehnsucht in den Menschen an. In all dem Chaos, der Mühe und der Sorge, die das Leben immer wieder neu mit sich bringt, sehen sich Menschen nach Ruhe, Sicherheit, Schutz und Geborgenheit – letztlich nach Aufgehoben-Sein. Ohne Zweifel gibt es daneben auch die Sehnsucht, Neues zu erleben, aufzubrechen, unterwegs zu sein. Aber auch diese Sehnsucht kommt im Bild des umherziehenden Hirten zur Geltung. Es scheint also, dass da eben ganz viel an Sehnsüchten aufgegriffen wird durch diesen Psalm. Diese Sehnsüchte haben einen Bezugspunkt in dem, um den es immer wieder neu und immer wieder von vorne in der Bibel geht: den lebendigen unendlich großen und doch den Menschen so nahen Gott. Der ist es, das hämmert der Psalm sanft und unnachgiebig ein, bei dem ich Trost finde, mit dem ich unterwegs sein darf, der mich durch luftige Höhen und finstere Täler geleitet und zu dem ich schließlich heimkehren darf. Insofern hat dieser Psalm schon etwas von einer Kurzformel des Glaubens. In den recht knappen Versen steckt viel an Emotion, Zuversicht und Glaubenskraft. Deshalb lohnt es sich eben doch, sich auf diesen Text einzulassen, ihn zu sprechen und dabei auf sich wirken zu lassen. Jede und jeder wird dabei etwas andere Zugänge haben und andere Bilder im Kopf. Aber ja, er hat schon etwas, dieser Text, etwas, was zu jeder und jedem sprechen kann.

Psalm 25

Bitte um Vergebung und Leitung

1 Von David. Zu dir, Herr, erhebe ich meine Seele,
2 mein Gott, auf dich vertraue ich. Lass mich nicht zuschanden werden, lass meine Feinde nicht triumphieren!
3 Es wird ja niemand, der auf dich hofft, zuschanden; zuschanden wird, wer dir schnöde die Treue bricht.
4 Zeige mir, Herr, deine Wege, lehre mich deine Pfade!
5 Führe mich in deiner Treue und lehre mich; / denn du bist der Gott meines Heils. Auf dich hoffe ich den ganzen Tag.
6 Gedenke deines Erbarmens, Herr, / und der Taten deiner Gnade; denn sie bestehen seit Ewigkeit!
7 Gedenke nicht meiner Jugendsünden und meiner Frevel! Nach deiner Huld gedenke meiner, Herr, denn du bist gütig!
8 Der Herr ist gut und redlich, darum weist er Sünder auf den rechten Weg.
9 Die Armen leitet er nach seinem Recht, die Armen lehrt er seinen Weg.
10 Alle Pfade des Herrn sind Huld und Treue denen, die seinen Bund und seine Zeugnisse wahren.
11 Um deines Namens willen, Herr, vergib meine Schuld, denn sie ist groß!
12 Wer ist der Mensch, der den Herrn fürchtet? Ihm weist er den Weg, den er wählen soll.
13 Dann wird er wohnen im Glück, seine Nachkommen werden das Land besitzen.
14 Der Rat des Herrn steht denen offen, die ihn fürchten, und sein Bund, um ihnen Erkenntnis zu schenken.

15 Meine Augen schauen stets auf den Herrn; denn er befreit meine Füße aus dem Netz.
16 Wende dich mir zu und sei mir gnädig; denn ich bin einsam und arm!
17 Ängste haben mein Herz gesprengt, führ mich heraus aus meiner Bedrängnis!
18 Sieh meine Armut und Plage an und nimm hinweg all meine Sünden!
19 Sieh meine Feinde, wie zahlreich sie sind, mit welchem tödlichen Hass sie mich hassen!
20 Erhalte mein Leben und rette mich, / lass mich nicht zuschanden werden! Denn ich habe mich bei dir geborgen.
21 Unschuld und Redlichkeit mögen mich schützen, denn ich hoffe auf dich.
22 Gott, erlöse Israel aus all seinen Nöten!

Sich klein machen vor Gott

Mir ist schon klar, dass ich kein Superheld bin – und ein Heiliger bin ich auch nicht gerade. Deshalb trifft mich dieser Psalm irgendwie: „Wende dich mir zu und sei mir gnädig; denn ich bin einsam und arm."

Wenn mich jemand fragt, wie es mir so geht, dann antworte ich oft mal „Ich raufe mich so durch!" Es ist ja so eine Sache, wie man auf diese Höflichkeitsfrage antworten soll. Einerseits will man nicht immer mit einem nichtssagenden „Danke, gut!" um die Ecke kommen, gerade auch dann, wenn es nicht so recht stimmt. Andererseits ist einem auch klar, dass niemand auf diese Frage ein Klagelied hören will.

„Ach, ich raufe mich so durch" bleibt da irgendwie in der Mitte, finde ich. Wenn ich den Psalm lese, dann kommt es mir vor, als ob es dem Psalmisten ähnlich geht, dass er sich eben so durchrauft. Er kämpft sich durch die Widrigkeiten seines Lebens. Er redet von Ängsten und Gegnern, die ihm zusetzen: „Ängste haben mein Herz gesprengt", sagt er – schon ein heftiges Bild. Ziemlich furchterregend klingt auch: „Sieh meine Feinde, wie zahlreich sie sind!" Andererseits redet er von seinem schlechten Gewissen, das ihn quält, weil er weiß, dass er nicht immer besonders aufrichtig war: „Vergib meine Schuld, denn sie ist groß!" Er hat so einiges auf dem Kerbholz, und er macht kein Geheimnis daraus, dass er sich die Suppe zu einem guten Teil selbst eingebrockt hat, die er auslöffeln muss. Ja, sowas kenne ich auch: nicht besonders glücklich sein mit der eigenen Situation, die ich doch selber mit verursacht habe: der Unfriede mit anderen; das Wissen, dass ich selbst ganz gut war im Austeilen und die Sorge, dass mir jetzt jemand etwas in den Weg legen möchte. So ungefähr stelle ich mir die Situation dieses Psalmbeters vor. Und nun die Frage: Was tun? Jetzt wäre es gut, wenn ich einen hätte, der mir sagt, wie ich da wieder rauskomme. Natürlich am besten so, dass mir die anderen nicht das Fell über die Ohren ziehen. Das erste, worauf es jetzt ankommt, ist Ruhe finden, sich selber wieder spüren, sich zu einem flüchten können, bei dem ich ein wehrloses Kind sein darf, das Angst und Schrecken einfach abgibt in die Hand des Beschützers. Diese Sehnsucht hat der Psalmist und er sagt sie gerade heraus: „Lass mich nicht zuschanden werden! Denn ich habe mich bei dir geborgen." Er macht sich dabei selber klein vor seinem Gott, und er spürt, dass er genau dadurch zu seiner

Stärke zurückfinden kann. Ich finde es stark, wie er sich bei seinem Gott als Schwacher zeigen kann und dadurch Kraft empfängt. Dabei ist das kein Psycho-Trick, kein Selbstoptimierungs-Clou. Es ist einfach nur Re-ligion – Rück-bindung. Die Bitte bleibt offen, aber schon das Vertrauen ändert den Blick.

Psalm 27

Leben in Gemeinschaft mit Gott

1 Von David. Der Herr ist mein Licht und mein Heil: Vor wem sollte ich mich fürchten? Der Herr ist die Zuflucht meines Lebens: Vor wem sollte mir bangen?
2 Dringen Böse auf mich ein, um mein Fleisch zu verschlingen, meine Bedränger und Feinde; sie sind gestrauchelt und gefallen.
3 Mag ein Heer mich belagern: Mein Herz wird nicht verzagen. Mag Krieg gegen mich toben: Ich bleibe dennoch voll Zuversicht.
4 Eines habe ich vom Herrn erfragt, dieses erbitte ich: im Haus des Herrn zu wohnen alle Tage meines Lebens; die Freundlichkeit des Herrn zu schauen und nachzusinnen in seinem Tempel.
5 Denn er birgt mich in seiner Hütte am Tag des Unheils; / er beschirmt mich im Versteck seines Zeltes, er hebt mich empor auf einen Felsen.
6 Nun kann sich mein Haupt erheben über die Feinde, die mich umringen. So will ich Opfer darbringen in seinem Zelt, / Opfer mit Jubel, dem Herrn will ich singen und spielen.
7 Höre, Herr, meine Stimme, wenn ich rufe; sei mir gnädig und gib mir Antwort!
8 Mein Herz denkt an dich: / Suchet mein Angesicht! Dein Angesicht, Herr, will ich suchen.
9 Verbirg nicht dein Angesicht vor mir; / weise deinen Knecht im Zorn nicht ab! Du wurdest meine Hilfe. Verstoß mich nicht, verlass mich nicht, du Gott meines Heils!

10 Wenn mich auch Vater und Mutter verlassen, der Herr nimmt mich auf.
11 Weise mir, Herr, deinen Weg, leite mich auf ebener Bahn wegen meiner Feinde!
12 Gib mich nicht meinen gierigen Gegnern preis; denn falsche Zeugen standen gegen mich auf und wüten!
13 Ich aber bin gewiss, zu schauen die Güte des Herrn im Land der Lebenden.
14 Hoffe auf den Herrn, / sei stark und fest sei dein Herz! Und hoffe auf den Herrn!

Eine sichere Bank

„Der ist für mich eine sichere Bank", sagt man so als Redewendung. Damit ist gemeint, dass man sich auf jemanden verlassen kann, ohne Wenn und Aber. Das ist ja nicht unbedingt selbstverständlich. Ziemlich oft mache ich auch die Erfahrung: Wenn ich dringend jemanden brauche, dann ist gerade keiner da. Das ist so eine alltägliche Sache: Ich stecke in der Klemme, jemand müsste mich irgendwo abholen, jemand müsste mir dringend etwas ausleihen, jemand müsste gerade mal bei irgendetwas mit anpacken – und niemand da, keiner geht ans Telefon, keiner hat gerade Zeit für mich, niemanden darf man stören, oder man will es auch gar nicht, weil es einem peinlich wäre, die Nachbarin oder den Kollegen um Hilfe zu bitten. Allein – mit dem ganzen Schlamassel. Keine Hilfe in Sicht und ein richtig mieses Gefühl. Wenn man dann jemanden hat, bei dem man sicher sein kann: Den ruf ich an, mit dem klappt das, der hat Zeit und der hilft mir, der lässt mich nicht im Stich, sucht keine Ausreden und macht das Unmögliche möglich für mich: Das ist wirklich ein geniales Gefühl. Das gibt einem unwahrscheinlich viel Sicherheit und Gelassenheit. Das frisst die Sorgen weg wie die Frühlingssonne den Schnee. Dabei geht es auch nicht nur um konkrete Situationen oder um Sachwerte. Es geht noch vielmehr um diese innere Sicherheit: Ich bin save, bin da auf der sicheren Seite, muss mir keine Sorgen machen, wenn mal was schiefgeht. Ich habe ein Sicherheitsnetz, das mich auffängt. Dieses Gefühl von Gelassenheit und Rückversicherung fängt dieser Psalm ein. Deshalb finde ich diesen Vers so genial: „Der Herr ist die Zuflucht meines Lebens: Vor wem sollte mir bangen?“ Ich finde, man kann sich diesen Gedanken gar nicht oft genug klarmachen und immer wieder vor Augen stellen. Das Leben kann einem so richtig böse mitspielen. Man kann wirklich große Brocken in den Weg geworfen bekommen. Schlimme Dinge treffen so viele Menschen. Der Psalm spricht von ganzen Heeren, die einen belagern, von Bösen, die einen verschlingen wollen, von Kriegen, die toben. Und trotzdem verspricht mir der Psalm auch: Du brauchst nicht verzweifeln, du bist nicht allein, du darfst die Güte des Herrn schauen im Land der Lebenden! Aber ist das nicht die berüchtigte Vertröstung aufs Jenseits? Ich glaube nicht, dass es darum geht. Ich glaube, es geht viel eher darum, sich an die eigene Glaubensüberzeugung zu erinnern. Ist diese Welt und ist meine eigene Existenz von einer guten Macht gewollt oder ist sie ein Ergebnis letztlich grausamer und absurder Zufälligkeiten? Wenn es einen Funken von Glauben an etwas Gutes in mir gibt, dann darf ich auch darauf vertrauen und meine ganze Hoffnung darauf setzen, dann ist mein Gott eine sichere Bank! Klar ist jedenfalls meine Entscheidung: „Dein Angesicht, HERR, will ich suchen.“

Psalm 29

Lobpreis auf Gottes Herrlichkeit

1 Ein Psalm Davids. Bringt dar dem Herrn, ihr Himmlischen, bringt dar dem Herrn Ehre und Macht!

2 Bringt dar dem Herrn die Ehre seines Namens, werft euch nieder vor dem Herrn in heiliger Majestät!

3 Die Stimme des Herrn über den Wassern: Der Gott der Ehre hat gedonnert, / der Herr über gewaltigen Wassern.

4 Die Stimme des Herrn voller Kraft, die Stimme des Herrn voll Majestät.

5 Die Stimme des Herrn bricht Zedern, der Herr hat zerbrochen die Zedern des Libanon.

6 Er ließ den Libanon hüpfen wie einen Jungstier, wie einen Wildstier den Sirjon.

7 Die Stimme des Herrn sprüht flammendes Feuer, /

8 die Stimme des Herrn lässt die Wüste beben, beben lässt der Herr die Wüste von Kadesch.

9 Die Stimme des Herrn lässt Hirschkühe kreißen, / sie riss ganze Wälder kahl. In seinem Palast ruft alles: Ehre!

10 Der Herr thront über der Flut, der Herr thront als König in Ewigkeit.

11 Der Herr gebe Macht seinem Volk. Der Herr segne sein Volk mit Frieden.

Was soll ich anfangen mit „Herrlichkeit“?

Auf den ersten Blick mutet dieser Psalm weit hergeholt an. Was da beschrieben wird, ist offensichtlich erst mal ein heftiges Gewitter mit Blitz, Hagel und Sturm. Keine Frage, dass der Psalmbeter davon mächtig beeindruckt ist und auch kraftvolle Sätze dafür findet. Vom Sprühen flammenden Feuers ist die Rede und vom Libanon, der wie ein Jungstier hüpft. Klar, die Menschen in früheren Zeiten, die von physikalisch-meteorologischen Zusammenhängen noch wenig wussten, die oft in recht einfachen Behausungen oder gar in Zelten lebten und die dem Wetter meist schutzlos ausgeliefert waren, müssen solche Naturereignisse noch ganz anders wahrgenommen haben, als die Menschen von heute. Ich kann mich an eine Nacht im Zelt in den Schweizer Bergen erinnern, in der ein heftiges Gewitter niederging. Das war schon ein Erlebnis, das ist hängen geblieben. Und heftige Stürme und Überschwemmungen sind auch heute oft noch eine tödliche Gefahr trotz vermeintlicher Sicherheit. Gewitter haben immer noch etwas Ehrfurchtgebietendes. Aber was macht nun der Psalmist damit? Er identifiziert den Donner mit der Stimme Gottes. Dabei verschwimmt, glaube ich, in den Sprachbildern die Grenze zwischen einem tatsächlichen religiösen Erlebnis und einer bildhaften Beschreibung der Größe Gottes. Ich stelle mir das so vor: Wer den Schauder erlebt, den ein heftiges Gewitter hervorruft, der kann sich auch gut darauf einlassen, darin einen bildlichen Vergleich für die Macht Gottes zu sehen. Man muss Gewitter also gar nicht als etwas von einer göttlichen Kraft Verursachtes verstehen. Auch als naturwissenschaftlich ergründetes Ereignis ist es eindrucksvoll und eignet sich so als Bild für die Herrlichkeit Gottes.

Es bleibt aber die Frage: Was ist das eigentlich: die „Herrlichkeit Gottes“? Was muss ich mir darunter vorstellen? Einen Gott, der majestätisch auftritt wie ein Märchenkönig und der seinen Hofstaat durch die Gegend scheucht? Das passt irgendwie nicht so recht in meine Vorstellung. Und ich glaube, im Kern ist das hier auch gar nicht gemeint. Letztlich ist die Vorstellung von Gott, der thront als König, auch nur ein Bild, ein Versuch, sich etwas Unvorstellbares wenigstens bruchstückhaft vorzustellen. Mir heutigem Menschen kommen da eher die Hinweise von Astronomen in den Sinn, wie unvorstellbar groß dieses Universum ist und wie winzig klein dieses Staubkorn, unsere Erde, und wie nochmal viel kleiner ich bin. Und ich erhebe meinen Geist und meine Gedanken zu dem, der der unhintergehbare Ursprung und der tiefste Sinn von all dem ist. Wenn das möglich sein soll, dann komme ich ganz von selbst dazu, zu sagen: Du Gott, wie groß ist deine Herrlichkeit, wie unfassbar bist du für mich. Mir bleibt nichts anderes, als mich dieser Größe anzuvertrauen.

Psalm 30

Dank für Rettung vor dem Tod

1 Ein Psalm. Ein Lied zur Tempelweihe. Von David.

2 Ich will dich erheben, Herr, / denn du zogst mich herauf
und ließest nicht zu, dass meine Feinde sich über mich
freuen.

3 Herr, mein Gott, ich habe zu dir geschrien und du heiltest
mich.

4 Herr, du hast meine Seele heraufsteigen lassen aus der To-
tenwelt, hast mich am Leben erhalten, sodass ich nicht in
die Grube hinabstieg.

5 Singt und spielt dem Herrn, ihr seine Frommen, dankt im
Gedenken seiner Heiligkeit!

6 Denn sein Zorn dauert nur einen Augenblick, doch seine
Güte ein Leben lang. Wenn man am Abend auch weint,
am Morgen herrscht wieder Jubel.

7 Im sicheren Glück dachte ich einst: Ich werde niemals
wanken.

8 Herr, in deiner Güte hast du meinen Berg gefestigt. Du
hast dein Angesicht verborgen. Da bin ich erschrocken.

9 Zu dir, Herr, will ich rufen und zu meinem Herrn um
Gnade flehn:

10 Was nützt dir mein Blut, wenn ich zum Grab hinunter-
steige? Kann Staub dich preisen, deine Treue verkünden?

11 Höre, Herr, und sei mir gnädig! Herr, sei du mein Helfer!

12 Du hast mein Klagen in Tanzen verwandelt, / mein Trau-
ergewand hast du gelöst und mich umgürtet mit Freude,

13 damit man dir Herrlichkeit singt und nicht verstummt.
Herr, mein Gott, ich will dir danken in Ewigkeit.

Überstanden, Gott sei Dank!

Nochmal davongekommen! Es gibt Situationen im Leben, da ist es ganz schön knapp. Da hängt das Leben beinahe, wie man so schön sagt, am seidenen Faden. Manchmal wird es mir erst hinterher so richtig bewusst: Das hätte leicht schief gehen können. Und manchmal wird mir rückblickend klar: Ich dachte in dieser Lebenssituation schon, wie schlimm das alles ist. Dabei hätte es noch viel schlimmer kommen können. Eigentlich ist es noch ganz glimpflich ausgegangen. Ob es jetzt die Stoßgebete waren, die erhört wurden, ob die Kerze, die ich in einer Kirche angezündet habe, etwas bewirkt hat oder ob ich aus reiner Gnade davongekommen bin, weil Gott vielleicht doch noch etwas anderes mit mir vorhat. Ich kann das nicht auflösen und muss es auch gar nicht. Ich bin einfach nur heilfroh, dass alles gut gegangen ist und ich erleichtert zurückschauen kann. Ich bin aus tiefem Herzen dankbar! Das „Gott sei Dank“, das ja eigentlich eine unbedachte Redewendung ist, hat in solchen Situationen dann manchmal doch eine ganz unerwartete Tiefe. Gott sei Dank, dass es überstanden ist. So eine Stimmung und so eine Grundhaltung bringt der Psalm zum Ausdruck. Der Psalmbeter stellt sein Leben vor Gott hin. Er steht da mit seiner Freude und seinem Dank vor Gott und überlegt, was ihm widerfahren ist. Da war es einen Augenblick lang ziemlich finster und das Angesicht Gottes, seine Nähe, war nicht zu finden. Da war es, als ob Gott sich zornig abgewandt und seine Güte zurückgezogen hätte. Das war ziemlich erschreckend und es war auch zum Weinen. Aber es ist nicht so geblieben, weil Gott das Flehen und die Gebete erhört hat und weil seine Güte ein Leben lang hält. Ja, es hätte auch anders kommen können und wie würde ich dann dastehen. Aber jetzt ist es nicht so. Jetzt ist die Klage in Tanzen verwandelt und das bestimmende Moment meiner Gottesbeziehung ist nicht die Klage, sondern die Dankbarkeit.

Psalm 32

Sündenbekenntnis und Vergebung

1 Von David. Ein Weisheitslied. Selig der, dessen Frevel vergeben und dessen Sünde bedeckt ist.

2 Selig der Mensch, dem der Herr die Schuld nicht zur Last legt und in dessen Geist keine Falschheit ist.

3 Solang ich es verschwieg, zerfiel mein Gebein, den ganzen Tag musste ich stöhnen.

4 Denn deine Hand liegt schwer auf mir bei Tag und bei Nacht; meine Lebenskraft war verdorrt wie durch die Glut des Sommers. [Sela]

5 Da bekannte ich dir meine Sünde und verbarg nicht länger meine Schuld vor dir. Ich sagte: Meine Frevel will ich dem Herrn bekennen. Und du hast die Schuld meiner Sünde vergeben. [Sela]

6 Darum soll jeder Fromme zu dir beten; solange du dich finden lässt. Fluten hohe Wasser heran, ihn werden sie nicht erreichen.

7 Du bist mein Schutz, du bewahrst mich vor Not und rettest mich und hüllst mich in Jubel. [Sela]

8 Ich unterweise dich und zeige dir den Weg, den du gehen sollst. Ich will dir raten, über dir wacht mein Auge.

9 Werdet nicht wie Ross und Maultier, die ohne Verstand sind. Mit Zaum und Zügel muss man ihr Ungestüm bändigen, sonst bleiben sie nicht in deiner Nähe.

10 Der Frevler leidet viele Schmerzen, doch wer dem Herrn vertraut, den wird er mit seiner Huld umgeben.

11 Freut euch am Herrn und jauchzt, ihr Gerechten, jubelt alle, ihr Menschen mit redlichem Herzen!

Das muss ich zugeben

Von Sünde zu sprechen ist kaum noch üblich, eigentlich nur noch, wenn es um zu viele Kalorien geht, die man sich gönnt oder im Straßenverkehr, wenn es um „Temposünder“ oder so etwas geht. Es scheint gar nicht so leicht, von Sünden zu sprechen, noch dazu von den eigenen. Aber das, was der Psalmist da beschreibt, das kommt mir schon bekannt vor. Ich habe etwas gemacht, was nicht richtig war, vielleicht eine Kleinigkeit oder auch eine größere Dummheit. Manchmal ist mir das sofort bewusst: Oh, das war jetzt Mist. Manchmal wird mir das aber auch erst im Lauf der Zeit klar: Je mehr ich darüber nachdenke, desto sicherer weiß ich, dass es an mir lag in dieser Situation, oder zumindest auch an mir. Sich das einzugestehen, ist nicht immer einfach. Ich habe da allerhand Ausflüchte und Vermeidungstechniken: War ja nicht so tragisch; ich bin nicht allein schuld gewesen; ich war nicht der einzige, der sowas gemacht hat; das machen doch alle so; es musste halt mal raus; das ist jetzt eben so; das kann man doch auch verstehen; das wird man doch mal sagen dürfen… Diese Reihe ließe sich noch lange fortsetzen. Der Psalmbeter beschreibt einen anderen Umgang mit der eigenen Schuld und Sünde. Erst versucht er es auch mit wegschieben, aber dann geht es ihm gar nicht gut damit. Das Gebein zerfällt und die Lebenskraft verdorrt. Da sagt er, bekannte er seine Schuld und versuchte nicht länger, sie zu verbergen. Er bringt seine Last vor seinen Gott und macht vor sich und ihm keinen Hehl mehr aus seinem Versagen. Und das erlebt er als Befreiung, weil Gott ihm die Schuld vergibt. Man könnte jetzt lange über die Sinnhaftigkeit der Beichte und des Bußsakraments philosophieren und dabei bedauern, dass es gar nicht mehr praktiziert wird. Dann müsste man sicher auch fragen, was da schief gegangen ist und warum es so gekommen ist. Aber der Psalm ist kein theologisches Referat und auch kein Beichtspiegel. Er lädt einfach dazu ein, über die eigene Schuld und die selbstverschuldete Last nachzudenken, die ich mit mir rumschleppe. Und er meint: Steh zu deiner Sünde und bitte deinen Gott um Vergebung! Ja, wenn ich andere verletzt habe, muss ich auch die um Vergebung bitten, da führt kein Weg dran vorbei. Aber vor sich selbst und vor Gott einen reinen Tisch zu machen, ist schon mal ein guter Anfang!

Psalmen all around the clock

Im Psalm 1 wird seliggepriesen, wer über die Weisung des Herrn nachdenkt bei Tag und bei Nacht. Über die Jahrhunderte haben viele gläubige Menschen sich das sehr zu Herzen genommen und bei Tag und bei Nacht gebetet. In manchen mittelalterlichen Klöstern gab es sogar eine Art Schichtdienst, um sicher zu stellen, dass zu jeder Zeit jemand gerade am Beten ist. Die klassische Variante ist es, das Gebet über den Tag – und die Nacht – zu verteilen. Das nennt man das Stundengebet der Kirche. Jeder Priester ist dazu verpflichtet, wenigstens ein Kurzprogramm, ein sogenanntes Brevier (lat. brevis „kurz“) einzuhalten. In den Klöstern wird das gemeinschaftlich und ausführlicher gemacht, je nach Strenge der Ordensregel. Es gibt feste Gebetszeiten, die in den sehr frühen Morgenstunden, mit der sogenannten Matutin (lat. matutinus „morgendlich“) beginnen können.

Das Gebet am Morgen nennt man dann Laudes (lat. „Lobgesänge“). Danach kommen die eigentlichen Stundengebete, die Horen (lat. hora „Stunde“) die man nach der antiken Stundeneinteilung Terz (lat. tertia „Dritte“), Sext (lat. sexta „Sechste“) und Non (lat. nona „Neunte“) nennt. Das Abendgebet heißt Vesper (lat. vesperum „der Abend“) und das Nachtgebet schließlich ist die Komplet (lat. completus „vollständig“). Mitten in der Nacht kann es dann noch eine Vigil (lat. vigilia „Nachtwache“) geben. Bei all diesen Gebeten werden Psalmen gebetet oder gesungen. Da kommt schon was zusammen. Früher gab es übrigens sehr strenge Regeln, die besagten, dass man das, was man versäumt hatte, nachbeten musste. Das lag auch daran, dass man der Auffassung war, dass Klöster und Geistliche stellvertretend für die anderen beten sollten, die dafür nicht so viele Möglichkeiten hatten. Wenn schon nicht alle bei Tag und bei Nacht über die Weisung des Herrn nachsinnen können, dann sollen das wenigstens einige für alle tun, dachte man. Als Alltagschrist von heute muss man ja nicht gleich das volle Programm fahren. Aber man kann mal mit einem Psalm hie und da anfangen.

Psalm 36

Gott, Quelle und Licht des Lebens

1 Für den Chormeister. Von David, dem Knecht des Herrn.
2 Spruch der Sünde zum Frevler inmitten meines Herzens:
In seinen Augen gibt es kein Erschrecken vor Gott.
3 Denn es schmeichelt ihm in seinen Augen, sich schuldig
zu machen und zu hassen.
4 Die Worte seines Mundes sind Trug und Unheil. Er hat es
aufgegeben, weise und gut zu handeln.
5 Unheil plant er auf seinem Lager, er betritt schlimme
Wege und scheut nicht das Böse.
6 Herr, deine Liebe reicht, so weit der Himmel ist, deine
Treue bis zu den Wolken.
7 Deine Gerechtigkeit steht wie die Berge Gottes, / deine
Urteile sind tief wie die Urflut. Du rettest Menschen und
Tiere, Herr.
8 Wie köstlich ist deine Liebe, Gott! Menschen bergen sich
im Schatten deiner Flügel.
9 Sie laben sich am Reichtum deines Hauses; du tränkst sie
mit dem Strom deiner Wonnen.
10 Denn bei dir ist die Quelle des Lebens, in deinem Licht
schauen wir das Licht.
11 Erhalte denen, die dich kennen, deine Liebe und deine Ge-
rechtigkeit den Menschen mit redlichem Herzen!
12 Lass mich nicht kommen unter den Fuß der Stolzen; die
Hand der Frevler soll mich nicht vertreiben.
13 Die Übeltäter sind dort gefallen, sie wurden niedergesto-
ßen und stehen nie wieder auf.

Meide das Böse, tu das Gute!

Dieser Psalm malt kontrastreiche Bilder. Da ist zuerst die düstere Beschreibung eines bösartigen Menschen, der sich dem Hass hingibt und die ganze Zeit nur überlegt, wie er schlimme Dinge anstellen kann. Und dann sind da diese hellen Verse über die Liebe Gottes, über Treue, Gerechtigkeit und Leben. „In deinem Licht schauen wir das Licht." Geht es hier darum, Menschen zu hassen, die man als böse ausgemacht hat, um sich selber dabei als etwas Besseres zu fühlen, als frommes Kind Gottes auf der hellen Seite des Lebens? Ich glaube nicht, dass so eine Gegenüberstellung das trifft, was mir der Psalm sagen kann. Ich glaube, die Sache sieht etwas anders aus. Ja, es geht schon um Gut und Böse. Ich glaube, der Psalm ist ein Aufruf zur Entschiedenheit. Der mittelalterliche Theologe und Philosoph Thomas von Aquin war der Meinung, dass der innerste Kern unseres menschlichen Gewissens in folgender Aufforderung besteht: „Das Gute ist zu tun und zu befolgen und das Böse ist zu vermeiden." Diese Stimme, so meinte er, hört letztlich jede und jeder von uns im Inneren. Es ist zugleich die Stimme Gottes, die uns ruft, seinen Willen zu tun. Das Problem ist, dass Menschen oft genug dazu neigen, da nicht so recht hinzuhören, weil es unbequeme Konsequenzen hätte: Man müsste sich aufraffen und notfalls die eigene Komfortzone verlassen. Oder: Menschen unterliegen einem mehr oder weniger großen Irrtum darüber, was denn das Gute in ihrem Leben ganz konkret sei. Dann rackern sie sich zwar ab und mühen und plagen sich, aber bei etwas Selbstdistanz müssten sie sich fragen: Habe ich bei all der Mühe wirklich die richtigen Ziele? Oder investiere ich in etwas, das so viel Aufwand gar nicht wert ist, das nur für mich gut ist und für andere einen großen Schaden bedeutet? Ich glaube, der Psalm lädt vor allem dazu ein, sich einerseits aufzuraffen und sich andererseits auch diese kritischen Fragen zu stellen und so ein Mensch mit redlichem Herzen zu sein. Was er dafür im Angebot hat, ist eine lebensfreundliche, von Liebe erfüllte Gottesvorstellung. Gott ist ein so wundervoller Gott, man sollte sich auf seine Seite stellen und – wenn man auf seinem Lager liegt – darüber nachdenken, wie sich das machen lässt.

Psalm 39

Die Not des vergänglichen Menschen

1 Für den Chormeister. Von Jedutun. Ein Psalm Davids.

2 Ich sagte: Ich will auf meine Wege achten, damit ich nicht sündige mit meiner Zunge. Ich lege meinem Mund einen Zaum an, solange der Frevler vor mir steht.

3 So blieb ich stumm und still; / ich schwieg, vom Glück verlassen, doch mein Schmerz war aufgerührt.

4 Heiß wurde mir das Herz in der Brust, / bei meinem Grübeln brennt ein Feuer; da redete ich mit meiner Zunge.

5 Herr, lass mich erkennen mein Ende und die Zahl meiner Tage! Ich will erkennen, wie vergänglich ich bin!

6 Siehe: Du machtest meine Tage nur eine Spanne lang, / meine Lebenszeit ist vor dir wie ein Nichts. Nur als Hauch steht jeder Mensch da. [Sela]

7 Nur wie ein Schattenbild wandelt der Mensch dahin, / um ein Nichts macht er Lärm. Er rafft zusammen und weiß nicht, wer es einheimst.

8 Und nun, Herr, worauf habe ich gehofft? Meine Hoffnung, sie gilt dir!

9 Entreiß mich all meinen Sünden! Überlass mich nicht dem Spott des Toren!

10 Ich bin verstummt, ich tue den Mund nicht mehr auf. Denn so hast du es gefügt.

11 Nimm deine Plage weg von mir! Unter der Wucht deiner Hand bin ich vergangen.

12 Du strafst und züchtigst den Mann wegen seiner Schuld, / der Motte gleich hast du zerstört, was er begehrt, ein Hauch nur ist jeder Mensch. [Sela]

13 Hör mein Gebet, Herr, vernimm mein Schreien, schweig nicht zu meinen Tränen! Denn ich bin ein Gast bei dir, ein Beisasse wie alle meine Väter.
14 Blick weg von mir, / sodass ich heiter blicken kann, bevor ich dahinfahre und nicht mehr da bin!

Das Leben ist kurz

Neulich im Nahverkehrszug saß mir schräggegenüber eine junge Frau. Auf dem Arm hatte sie ein Tatoo: „VITA BREVIS“ stand da in Großbuchstaben, lateinisch für: „Das Leben ist kurz“. Warum macht man sowas? dachte ich mir. Wie kommt man auf sowas? Weil es cool ist? Oder als Aufruf zum Genießen, frei nach dem jovialen Motto: „Das Leben ist zu kurz, um schlechten Wein zu trinken“? Oder weil es entwaffnend ehrlich ist? Ein Stück Existenzphilosophie im Alltag vielleicht? Der Psalm stellt das auch erst einmal recht schonungslos fest: Das Leben geht schnell dahin, ist gleich vorbei. Im Alltag verdrängt man das meistens recht erfolgreich und lebt, als ginge es immer so weiter. Sterben? Ich? Ach nee, irgendwann, vielleicht, aber jetzt nicht, noch kein Thema. Das ist wahrscheinlich auch gut so. Man kann ja nicht mit einer ständigen Todeserwartung durchs Leben gehen. Aber frappierend ist es schon, wie schnell die Jahre vorbeiziehen. Meine Lebenszeit ist vor dir wie ein Schatten, betet der Psalmist. Und irgendwann gehe ich eben von dieser Welt, dreht sie sich ohne mich weiter. Was bleibt dann von mir? Auch da spricht der Psalm eine deutliche Sprache: Was man auch zusammenrafft, man weiß nicht einmal, wer es einheimst und den Rest erledigen die Motten. Was bleibt dann zu tun? Da ist der Psalm dann nicht mehr so klar, finde ich. Aber das ist vielleicht auch gut so. Er verteilt keine Patentrezepte. Erst mal den Herrn anflehen und hoffen, dass er nicht schweigt zu meinen Tränen – so ist Psalmenbeten: Nicht wissen, wie es genau geht, aber in aller Verzweiflung den Funken der Hoffnung auf Gott den Herrn nähren, schreien, aber den Funken nicht ausgehen lassen, um seine Güte bitten, „sodass ich heiter blicken kann“, auch dann, wenn ich das „Vita brevis“ klar vor Augen habe.

Psalm 42

Sehnsucht nach dem lebendigen Gott

1 Für den Chormeister. Ein Weisheitslied der Korachiter.
2 Wie der Hirsch lechzt nach frischem Wasser, so lechzt meine Seele, nach dir, Gott.
3 Meine Seele dürstet nach Gott, nach dem lebendigen Gott. Wann darf ich kommen und erscheinen vor Gottes Angesicht?
4 Meine Tränen sind mir Brot geworden bei Tag und bei Nacht; man sagt zu mir den ganzen Tag: Wo ist dein Gott?
5 Ich denke daran und schütte vor mir meine Seele aus: Ich will in einer Schar einherziehn. Ich will in ihr zum Haus Gottes schreiten, / im Schall von Jubel und Dank in festlich wogender Menge.
6 Was bist du bedrückt, meine Seele, und was ächzt du in mir? Harre auf Gott; / denn ich werde ihm noch danken für die Rettung in seinem Angesicht.
7 Bedrückt ist meine Seele in mir, / darum gedenke ich deiner im Jordanland, am Hermon, am Berg Mizar.
8 Flut ruft der Flut zu beim Tosen deiner stürzenden Wasser, all deine Wellen und Wogen zogen über mich hin.
9 Bei Tag entbietet der Herr seine Huld / und in der Nacht ist sein Lied bei mir, ein Gebet zum Gott meines Lebens.
10 Sagen will ich zu Gott, meinem Fels: / Warum hast du mich vergessen? Warum muss ich trauernd einhergehn, von meinem Feind unterdrückt?
11 Es trifft mich zu Tode in meinen Gebeinen, / dass meine Bedränger mich verhöhnen, da sie den ganzen Tag zu mir sagen: Wo ist dein Gott?

12 Was bist du bedrückt, meine Seele, und was ächzt du in mir? Harre auf Gott; / denn ich werde ihm noch danken, der Rettung meines Angesichts und meinem Gott.

Wo ist er denn, dein Gott?

Das ist ein Bild, das hängen bleibt: Ein Hirsch, der nach Wasser lechzt. Ein Tier, das man sich stolz und prächtig vorstellt, das aber hier bedürftig nach dem Notwendigsten sucht: Frisches Wasser, das klar und kühlend aus einer Quelle entspringt. Mit diesem Bild macht der Psalmbeter deutlich, wie es ihm mit seinem Gott geht. Er muss herumirren und ihn suchen. Er fühlt sich dementsprechend mies. Er ist allein und erinnert sich an die Zeiten, wo er Teil einer festlich feiernden Menge war, geeint im gemeinsamen Lobpreis Gottes. Und er beginnt zu hadern, die Zweifel nagen an ihm. Das ist eine Situationsbeschreibung, die ganz gut auch in die heutige Zeit passt. Ich finde, da kann man den Eindruck bekommen, man sei in dieser ach so modernen und aufgeklärten Gesellschaft wohl einer von den letzten, die sich noch mit sowas wie Religion und Glaube an Gott auseinandersetzen und abquälen. Und da ist sie dann, die alte Frage „Wo ist dein Gott?“ Sie ist nicht immer so laut zu hören, aber sie steht schon im Raum. Bin ich denn einer von diesen Ewiggestrigen, die einfach nicht wahrhaben wollen, dass sich die Sache mit dem Glauben an einen Gott als Ammenmärchen herausgestellt und erledigt hat? Wäre es nicht besser, den harten und klaren Fakten des naturwissenschaftlich erwiesenen Atheismus ins Auge zu schauen? Was macht der Psalmist mit diesem bohrenden Zweifel? Er ermahnt sich erst einmal selbst. Er kramt den Rest von Gewissheit, den er in sich spürt, zusammen und stellt sich selbst in den Senkel: „Was bist du bedrückt, meine Seele, und was ächzt du in mir?“ Ganz nebenbei ist das ein reizvoller innerer Dialog, den der Psalmist mit seiner eigenen Seele führt. Für die Menschen der Bibel ist die Seele dabei nicht nur ein Teil, sondern sie ist das ganze innere Selbst, das Ich, der Inbegriff aller Gedanken, Gefühle, alles Lebens und Daseins. So geht er also mit sich selbst in die Diskussion und überzeugt sich davon: Ich werde Gott noch danken, weil er mich retten wird! So etwas kenne ich aus allerlei bedrückenden Lebenssituationen: Man denkt daran, dass man später sicher viel gelassener auf die Misere schauen kann, wenn man sie erst einmal überstanden hat. Ist das dann ein frommer Selbstbetrug, ein sich über den Ernst der Lage hinwegtäuschen? Ich glaube nicht, dass man das so einfach vom Tisch wischen kann. Denn wenn ich den letzten Mut und die letzte Zuversicht in mir zusammensammle, dann kann mir das wirklich helfen, die eigene Situation noch einmal aus einer anderen Perspektive zu betrachten. Es kann mir helfen, die vermeintliche Ausweglosigkeit zu überwinden und am Ende tatsächlich dahin zu kommen, dass ich gelassen auf die Krise zurückschauen kann. Aber funktioniert das auch mit dem Glauben an Gott? Zumindest ist es meine persönliche Erfahrung, dass die Überzeugung, die hinter der Frage steht: „Wo ist er denn, dein Gott?“ nicht immer so lupenrein und wasserdicht ist, wie sie oft daherkommt. Und eines ist auch klar: Den Durst und die Sehnsucht kennen alle, die gehören eben zu uns. Deshalb ist es schon mal nicht verkehrt, sich auf die Suche zu begeben.

Psalm 43

1 Verschaff mir Recht, Gott, und führe meinen Rechtsstreit gegen ein treuloses Volk! Rette mich vor den bösen und tückischen Menschen!

2 Denn du bist der Gott meiner Zuflucht. / Warum hast du mich verstoßen? Warum muss ich trauernd umhergehn, vom Feind unterdrückt?

3 Sende dein Licht und deine Wahrheit; sie sollen mich leiten; sie sollen mich bringen zu deinem heiligen Berg und zu deinen Wohnungen.

4 So will ich kommen zu Gottes Altar, / zum Gott meiner Freude und meines Jubels. Ich will dir danken zur Leier, Gott, du mein Gott.

5 Was bist du bedrückt, meine Seele, und was ächzt du in mir? Harre auf Gott; / denn ich werde ihm noch danken, der Rettung meines Angesichts und meinem Gott.

Miese Typen

Psalmen malen schon ganz gerne in Schwarz und Weiß: Hier die Guten und Gerechten, da die Bösen und Tückischen. Im Alltag ist das ja oft nicht ganz so einfach zu sagen. Allerdings gibt es schon Situationen im Leben, in denen man sich bedroht fühlt von einem oder mehreren Menschen. Viele haben schon erlebt, dass sie überfallen wurden, dass in ihr Haus eingebrochen wurde oder, dass jemand ganz offensichtlich Böses gegen sie im Schilde führt, indem Verleumdungen verbreitet werden, Mobbing oder Stalking im Spiel sind. Da kann man nicht sagen: Na ja, der oder die meint das gar nicht so – der oder die macht das nicht absichtlich. Da ist zuerst einmal die Bedrohung durch andere Menschen. Das fühlt sich alles andere als gut an. Das macht Angst und kann lähmen. Wenn ich an solche Situationen denke, ist der Psalm eigentlich nicht mehr zu drastisch. Da ist die flehentliche Bitte: „Rette mich vor den bösen und tückischen Menschen!" gut nachvollziehbar. Es gehört zu den besonderen Eigenschaften der Psalmen, dass diese Not und Angst auch herausgeschrien werden darf: „Warum hast du mich verstoßen?" Der Beter dieses Psalms sucht nach seiner verlorengegangenen Zuversicht. Und er findet sie in seinem Gott. Es klingt, finde ich, nicht ganz nach absoluter Gewissheit, wenn er im Ton der Selbstaufmunterung sagt: „Was bist du bedrückt, meine Seele, und was ächzt du in mir? Harre auf Gott; denn ich werde ihm noch danken." Aber das hat ja auch etwas Sympathisches. Es wirkt so, als ob da eine um Fassung ringt und zugleich auch die Hoffnung spürt, dass Gott ihn nicht im Stich lassen wird. Auf diese Weise kann wieder etwas an Gelassenheit zurückgewonnen werden. Das „Gottvertrauen" kann vielleicht wieder aufkeimen und die Angst besiegen. Damit ist noch nicht geklärt, wie man am besten mit der Bedrohungssituation umgehen kann, aber zumindest ist ein Anfang gemacht, um die Lähmung zu überwinden. Dann wird man weitersehen, mit Gottes Hilfe, auch wenn man es mit miesen Typen zu tun hat.

Psalm 46

Gott, unsere Burg

1 Für den Chormeister. Von den Korachitern. Nach der Weise Mädchen. Ein Lied.

2 Gott ist uns Zuflucht und Stärke, als mächtig erfahren, als Helfer in allen Nöten.

3 Darum fürchten wir uns nicht, wenn die Erde auch wankt, wenn Berge stürzen in die Tiefe des Meeres;

4 mögen seine Wasser tosen und schäumen und vor seinem Ungestüm Berge erzittern. [Sela]

5 Eines Stromes Arme erfreuen die Gottesstadt, des Höchsten heilige Wohnung.

6 Gott ist in ihrer Mitte, sie wird nicht wanken. Gott hilft ihr, wenn der Morgen anbricht.

7 Völker tobten, Reiche wankten; seine Stimme erscholl, da muss die Erde schmelzen.

8 Mit uns ist der Herr der Heerscharen, der Gott Jakobs ist unsre Burg. [Sela]

9 Kommt und schaut die Taten des Herrn, der Schauder erregt auf der Erde.

10 Er setzt den Kriegen ein Ende bis an die Grenzen der Erde. Den Bogen zerbricht er, / die Lanze zerschlägt er; Streitwagen verbrennt er im Feuer.

11 Lasst ab und erkennt, dass ich Gott bin, erhaben über die Völker, erhaben auf Erden!

12 Mit uns ist der Herr der Heerscharen, der Gott Jakobs ist unsre Burg. [Sela]

Trau dich!

Wenn ich den Psalm lese, dann kommt mir unwillkürlich der Gedanke: Dieses Gottvertrauen möchte man haben! Da wird ziemlich alles aufgelistet, was sich der antike Mensch wahrscheinlich an Verunsicherung vorstellen kann: Die Berge stürzen, die Wasser tosen, die Völker toben, Reiche wanken, die Erde schmilzt. Und wenn ich überlege, dann sind diese Schrecknisse ja gar nicht so weit weg von dem, was einen heutzutage bedrückt: Krieg, Umstürze, Krisen, Klimawandel, globale Naturkatastrophen. Deshalb fällt es gar nicht so schwer, das Bedrückende nachzuempfinden, das durch diese Aufzählungen zum Ausdruck gebracht werden soll. Der Psalmist aber setzt all dem Schlimmen sein ungebrochenes Gottvertrauen entgegen: „Der Gott Jakobs ist unsre Burg." Und wenn er die Machttaten Gottes aufzählt, dann findet er dafür ein paar Aspekte, die ich als besonders schön und wohltuend aus diesem Psalm mitnehme. Denn die Großtaten Gottes bestehen darin, dass er den Kriegen ein Ende setzt und die todbringenden Waffen vernichtet: „Den Bogen zerbricht er, die Lanze zerschlägt er; Streitwagen verbrennt er im Feuer." Was für eine hoffnungsvolle Beschreibung Gottes! Da geht es nicht um die Vernichtung und Bestrafung der Feinde, wie sonst so oft, sondern um ihre Bekehrung zum Frieden. Ja genau, möchte ich da einstimmen, so soll es sein. Allein, die Sache hat einen Haken: Die Kriege gingen weiter bis heute und setzen sich auch jetzt immer noch fort, nur dass die Waffen viel grausamer geworden sind. Dieses ganze Gottvertrauen, das hier zum Ausdruck kommt, ist also nichts weiter als eine fromme Illusion? Das mag und kann ich so nicht stehen lassen. Was lässt sich darauf erwidern?

Mir fallen zwei Gesichtspunkte ein, die mir wichtig sind. Erstens verbindet sich die Sehnsucht des Glaubenden mit der tief empfundenen Hoffnung: Bei all der Misere haben zuletzt doch Krieg und Elend nicht das letzte Wort. Die Menschheit wird nicht an sich selbst zugrunde gehen. Der gütige und barmherzige Gott wird uns zuletzt doch auffangen. Eigentlich hat er uns schon längst aufgefangen, sodass wir nicht grenzenlos ins Chaos stürzen, sondern in seine gnädigen Hände fallen, was auch immer uns an Katastrophen noch bevorstehen mag. Zweitens kann man schon bei dem mittelalterlichen Theologen Thomas von Aquin nachlesen, dass das Gebet weniger dazu dient, Gott auf unsere Nöte aufmerksam zu machen, um die er ja doch längst weiß, als vielmehr dazu, uns selbst klarzumachen, wie sehr wir seiner Güte bedürfen. Aus dieser Perspektive kann ich dann sagen: Es ist gut und sinnvoll, sich immer wieder im Gebet bewusst zu machen, dass der zuversichtliche Glaube an den gütigen Gott und die notorische Angst vor allen möglichen Bedrohungen eigentlich nicht zusammenpassen. Deshalb ergibt sich für mich als Botschaft des Psalms: Trau dich, mit dem Psalmisten zu sagen: Gott ist meine Burg!

Psalm 47

Gott, der König aller Völker

1 Für den Chormeister. Ein Psalm der Korachiter.
2 Ihr Völker alle, klatscht in die Hände; jauchzt Gott zu mit lautem Jubel!
3 Denn Furcht gebietend ist der Herr, der Höchste, ein großer König über die ganze Erde.
4 Er unterwerfe uns Völker und zwinge Nationen unter unsere Füße.
5 Er erwähle für uns unser Erbland, den Stolz Jakobs, den er lieb hat. [Sela]
6 Gott stieg empor unter Jubel, der Herr beim Schall der Hörner.
7 Singt unserm Gott, ja singt ihm! Singt unserm König, singt ihm!
8 Denn König der ganzen Erde ist Gott. Singt ihm ein Weisheitslied!
9 Gott wurde König über die Völker, Gott hat sich auf seinen heiligen Thron gesetzt.
10 Versammelt sind die Fürsten der Völker als Volk des Gottes Abrahams. Denn Gott gehören die Schilde der Erde; er ist hoch erhaben.

Nicht gerade bescheiden

Das muss man sich mal vor Augen halten: Das Volk Israel war im antiken vorderen Orient alles andere als eine Großmacht. Die Babylonier, die Ägypter, die Assyrer, die Perser – das waren Hausnummern. Israel war ein geopolitisches

Leichtgewicht. Man schaute, dass man so durchkam, hat sich oft genug verkalkuliert und ist dafür auch entsprechend unter die Räder gekommen. So in etwa sah die Realität aus. Dann liest man diesen Psalm und denkt erst einmal etwas Ähnliches wie: Die hatten wohl nicht alle Latten am Zaun! Wir, die großen Herrscher – und unser Gott erst: Der König der Welt! Wie kommt man auf sowas? Lassen wir die politischen Aspekte dieses Jubels mal außen vor. Betrachten wir eher die religiöse Seite. Die Geschichte des alttestamentlichen Volkes Israel mit seinem Gott ist, wenn man so will, eine Geschichte von Verehrung, Abfall, Zweifel, Reue, und vertiefter innerer Bindung. Es gibt da eine Entwicklung, die bei der Verehrung einer ortsüblichen Naturgottheit beginnt und sich durch immer neue Krisen hindurch mehr und mehr zu der Überzeugung verfestigt, dass es für das Volk Israel nur diesen einen einzigen Gott gibt. Das war nicht ganz einfach, in einer ausgesprochen polytheistisch geprägten Umgebung, in der man gerne mal auch zwischen verschiedenen Göttern hin und her wechselte. Auf der Grundlage dieser Überzeugung wuchs dann die Erkenntnis, dass man sich Gott nicht als einen vorstellen kann, der zwar für uns „zuständig" ist, aber ansonsten nur einer unter vielen ist. Wenn Gott der ist, der die Welt aus dem Nichts erschaffen hat und sie überhaupt im Dasein hält, dann kann er, so kristallisierte sich in den Gedanken der Gott-Denker heraus, nur der eine und einzige sein, die einzige Ursache von allem, der Urgrund, aus dem alles hervorgeht. Da bricht sich im Denken und im Anbeten eine andere Ahnung von Gott ihre Bahn. Es geht um einen Gott, den man nicht mit anderen Göttern vergleicht, um einen, dessen Größe alle Vorstellungen übersteigt und dessen Tiefe sich nicht ausloten lässt. Dieser eine Gott ist so anders, dass er ein Geheimnis bleibt. Er geht nicht auf in den Rivalitäten zwischen den Völkern, lässt sich nicht vereinnahmen als Partei-Gott. Vor ihm sind die Fürsten der Völker versammelt. Er ist hoch erhaben. Mit diesem Schlusswort entlässt mich der Psalm: Er ist hoch erhaben!

Was uns die Autoren sagen wollen

Die Themen, um die es in den Psalmen geht, sind ziemlich vielfältig. Man hat bei der Beschäftigung mit den Psalmen immer wieder Versuche unternommen, die Psalmen in verschiedene Kategorien einzuteilen: Lobpsalmen, Klagepsalmen, Pilgerlieder, Königspsalmen und manch anderes. Ich bin mir, offen gesagt, nicht so sicher, wie punktgenau solche Einteilungen sind. Klar, es gibt Psalmen, die recht eindeutig den Charakter von Hymnen auf die Größe und Herrlichkeit Gottes darstellen. Andere Psalmen bringen die Klage des Beters und seine Bitte um Hilfe zum Ausdruck. Auch der Dank für Gottes Hilfe und Schutz in der Not ist ein wichtiges Thema vieler Psalmen. Die einen Psalmen klingen so, als seien sie von Anfang an für den Gottesdienst verfasst. Andere Psalmen sind ganz individuelle Zwiesprachen mit Gott. In wieder anderen Psalmen kommen Weisheitsgedanken und Handlungsempfehlungen für die Menschen zur Sprache.

Die Psalmen wurden immer wieder überliefert, erweitert, umgestaltet, auf neue Situationen hin verändert, zusammengefasst oder in Teile aufgeteilt. Durchgängig ist dabei, dass hier Menschen ihr Leben vor ihren Gott hinstellen. Sie bringen mit, was sie freut, was sie erleichtert, was ihnen Sorgen macht, wovor sie Angst haben und was sie als richtig und falsch erkannt haben. Alles das breiten sie vor ihrem Gott aus

– und das machen sie ziemlich ungebremst: Sie lassen ihren Gefühlen oft freien Raum. Sie jubeln, klagen, stöhnen, schimpfen, fluchen und flehen. Sie hadern mit ihrem Gott und suchen Geborgenheit und Schutz bei ihm. Mich beeindruckt, wie intensiv sie sich zu Gott hingezogen fühlen und wie sehr sie immer wieder zu der Klarheit kommen: Bei Gott allein ist Hilfe, Trost und Heil.

Das macht die Psalmen für mich zu einer Kraftquelle, bei der es sich lohnt, den „Staub" und das Unverständnis wegzuräumen, die sich darüber im Lauf der Jahrhunderte angesammelt haben.

Psalm 51

Bitte um Vergebung und Neuschaffung

1 Für den Chormeister. Ein Psalm Davids.

2 Als der Prophet Natan zu ihm kam, nachdem er zu Batseba gegangen war.

3 Gott, sei mir gnädig nach deiner Huld, tilge meine Frevel nach deinem reichen Erbarmen!

4 Wasch meine Schuld von mir ab und mach mich rein von meiner Sünde!

5 Denn ich erkenne meine bösen Taten, meine Sünde steht mir immer vor Augen.

6 Gegen dich allein habe ich gesündigt, ich habe getan, was böse ist in deinen Augen. So behältst du recht mit deinem Urteilsspruch, lauter stehst du da als Richter.

7 Siehe, in Schuld bin ich geboren und in Sünde hat mich meine Mutter empfangen.

8 Siehe, an Treue im Innersten hast du Gefallen, im Verborgenen lehrst du mich Weisheit.

9 Entsündige mich mit Ysop, dann werde ich rein; wasche mich und ich werde weißer als Schnee!

10 Lass mich Entzücken und Freude hören! Jubeln sollen die Glieder, die du zerschlagen hast.

11 Verbirg dein Angesicht vor meinen Sünden, tilge alle Schuld, mit der ich beladen bin!

12 Erschaffe mir, Gott, ein reines Herz und einen festen Geist erneuere in meinem Innern!

13 Verwirf mich nicht vor deinem Angesicht, deinen heiligen Geist nimm nicht von mir!

14 Gib mir wieder die Freude deines Heils, rüste mich aus mit
dem Geist der Großmut!
15 Ich will die Frevler deine Wege lehren und die Sünder
kehren um zu dir.
16 Befreie mich von Blutschuld, Gott, du Gott meines Heils,
dann wird meine Zunge jubeln über deine Gerechtigkeit!
17 Herr, öffne meine Lippen, damit mein Mund dein Lob ver-
künde!
18 Schlachtopfer willst du nicht, ich würde sie geben, an
Brandopfern hast du kein Gefallen.
19 Schlachtopfer für Gott ist ein zerbrochener Geist, ein zer-
brochenes und zerschlagenes Herz wirst du, Gott, nicht
verschmähen.
20 Nach deinem Wohlgefallen tu Gutes an Zion, erbaue wie-
der die Mauern Jerusalems!
21 An Schlachtopfern der Gerechtigkeit, / an Brandopfern
und an Ganzopfern hast du Gefallen, dann wird man auf
deinem Altar Stiere opfern.

Bin ich ein Mistkerl?

Ich kann mir gut vorstellen, dass dieser Psalm zu einem Buß-Ritus gebetet wurde, wie auch immer der genau aussah. Es geht jedenfalls um das Bekenntnis der eigenen Sünden. Dabei wird der Psalm auch an einen konkreten Ereignisstrang aus der Davids-Erzählung angeknüpft. Sünden und mieses Verhalten spielen dabei tatsächlich eine große Rolle. Ganz kurz erzählt: Der große König David hatte sich als ziemlich schäbiger Ehebrecher verhalten. Er hatte sich an die Frau einer seiner Generäle herangemacht, während der für ihn im

Krieg war. Als sie schwanger wurde und ein Vertuschungsversuch über einen Heimaturlaub des Generals scheiterte, sorgte David dafür, dass der General in der Schlacht umkam. Da kam der Prophet Natan zu David und wusch ihm ordentlich den Kopf, woraufhin David seine Schuld einsah und bitter bereute.

So weit die Historie. Aber was mache ich denn jetzt mit diesem Psalm? Ich bin ja schließlich nicht so ein Mistkerl wie dieser König David, oder? Es gibt einen Satz von dem griechischen Philosophen Epiket, den ich irgendwann gelesen habe und der mir immer wieder mal in den Sinn kommt: „Wenn du gut sein willst, vertrau zuerst darauf, dass du schlecht bist!“ Das stößt sich ja schon irgendwie mit der modernen Vorstellung von Selbstgewissheit, die einem eher sagt: Du sollst dich nicht selber runter machen! Du brauchst ein positives Selbstbild! Du musst dir sagen: Ich bin gut, ich kann das, ich mache das richtig! Und dann kommen die hier mit dem Spruch um die Ecke: Vertrau darauf, dass du schlecht bist! Was gilt denn jetzt? Ich bin für mich zu dem Ergebnis gekommen, dass ich kein Verbrecher sein muss, um auch mal eine selbstkritische Haltung einzunehmen. Bei allem „Ich kann das!“ sind eine realistische Einschätzung und so etwas wie Bescheidenheit und Demut schon auch wichtig. Das mag auf den ersten Blick nicht modern und cool sein, aber auf den zweiten Blick sind mir Menschen, die sich selbst auch mal kritisch sehen, die ein bisschen auf Distanz zu sich selber gehen können, die sich auch mal entschuldigen oder sogar über sich selbst lachen können, viel sympathischer. Warum also sollte ich mich nicht auch mal vor meinen Gott hinstellen und sagen: „Ich bin schon so ein Exemplar, mein lieber Gott, da hast du dir was Schönes eingebrockt mit mir! Da musst du ganz schön nachsichtig sein!“

Psalm 57

Geborgenheit im Schutze Gottes

1 Für den Chormeister. Nach der Weise Verdirb nicht! Von David. Ein Miktam-Lied. Als er vor Saul floh. In der Höhle.

2 Sei mir gnädig, Gott, sei mir gnädig, denn ich habe mich bei dir geborgen, im Schatten deiner Flügel will ich mich bergen, bis das Unheil vorübergeht.

3 Ich rufe zu Gott, dem Höchsten, zu Gott, der mir beisteht.

4 Er sende vom Himmel und rette mich, / es höhnte, der mir nachstellt. [Sela] Gott sende seine Huld und seine Treue.

5 Ich muss mitten unter Löwen lagern, die gierig auf Menschen sind. Ihre Zähne sind Spieße und Pfeile, ein scharfes Schwert ihre Zunge.

6 Erhebe dich über den Himmel, Gott! Deine Herrlichkeit sei über der ganzen Erde!

7 Sie haben meinen Schritten ein Netz gelegt, gebeugt meine Seele, sie haben mir eine Grube gegraben, doch fielen sie selbst hinein. [Sela]

8 Mein Herz ist bereit, Gott, / mein Herz ist bereit, ich will singen und spielen.

9 Wach auf, meine Herrlichkeit! / Wacht auf, Harfe und Leier! Ich will das Morgenrot wecken.

10 Ich will dich preisen, Herr, unter den Völkern, dir vor den Nationen spielen.

11 Denn deine Liebe reicht, so weit der Himmel ist, deine Treue, so weit die Wolken ziehn.

12 Erhebe dich über den Himmel, Gott! Deine Herrlichkeit sei über der ganzen Erde!

Wenn's eng wird

Im ersten Buch Samuel wird über König Saul und seinen späteren Nachfolger David berichtet, dass die beiden in einer recht komplizierten Beziehungskiste stecken und sich so etwas wie ein Katz- und Maus-Spiel zwischen ihnen entwickelt. Saul verfolgt in diesem Zusammenhang David und will ihn töten. David versteckt sich in einer Höhle. In diesen Geschichtszusammenhang ist der Psalm hier gestellt. Klar ist dabei, dass es für den Psalmbeter um eine brenzlige Situation geht. Er hat große Sorgen und fühlt sich wie von Löwen umlagert. In seiner Not fleht er Gott um Hilfe an und ist zugleich zuversichtlich, dass Gott ihm da heraushelfen wird. Ich kenne auch so etwas, wenn es mir heiß und kalt zugleich wird und mich die Sorge überkommt: Oh Gott, was mache ich denn jetzt bloß. Hoffentlich komme ich da heil wieder heraus! Es wird doch nicht das Schlimmste eintreten? Und was, wenn doch? Not lehrt beten, sagt man ja so schön – und ja, das sind die Situationen, in denen ich dann Stoßgebete zum Himmel schicke. Ich bin mir ziemlich sicher, dass ich nicht der einzige bin, dem es so geht. In Sorgen und Nöten haben viele Menschen das Bedürfnis, zu beten. Dabei habe ich den Eindruck, dass diese Gebete in der Not ein klein wenig einen schlechten Ruf haben. Ja, ja, heißt es dann, wenn es den Menschen dreckig geht, erinnern sie sich plötzlich wieder, dass es einen Gott gibt. Solange es ihnen gut geht, glauben sie, dass sie ihn nicht brauchen und dann kommen sie wieder angekrochen … Mal davon abgesehen, dass diese Kritik etwas ziemlich Überhebliches hat, finde ich, dass sie den Notgebeten wirklich Unrecht tun. Es ist doch wirklich menschlich, dass man in Not und Sorgen danach fragt, was denn jetzt werden soll. Und eine Vorstellung von Gott, die meint, man dürfe mit seiner Not nur dann zu ihm kommen, wenn man auch in guten Zeiten schön fromm gewesen ist, denkt doch ziemlich kleinlich von Gott. Als wäre er dann ein bisschen beleidigt, weil man ihn ja nur als Notnagel braucht. Das ist doch nicht der Gott, der in den Psalmen gepriesen wird und zu dem der Psalmist sagt: „Deine Liebe reicht, so weit der Himmel ist, deine Treue, so weit die Wolken ziehn." Ich will damit nicht sagen: Es reicht, wenn man sich in Notzeiten an Gott erinnert. Aber wer sich in seinen Gebeten zu Gott flüchtet, wenn es eng wird, der darf darauf vertrauen, dass er nicht erst eine Moralpredigt anhören muss. Im Lukas-Evangelium wird von Jesus berichtet, dass er sagt, im Himmel sei über einen Sünder, der umkehrt, mehr Freude als über neunundneunzig Gerechte. Da sollten auch wir Menschen uns hüten, über diejenigen die Nase zu rümpfen, die in der Not zum Beten kommen. Natürlich, beten ist kein Automat, bei dem ich bekomme, was ich bestelle. Aber sagen darf ich erst mal alles und in der Not ein Bittgebet sprechen darf ich allemal – das wäre ja noch schöner, wenn das in meinem Glauben keinen Platz hätte. Psalmenbeter wissen, dass sie kein Blatt vor den Mund zu nehmen brauchen.

Psalm 63

Sehnsucht nach Gott

1 Ein Psalm Davids. Als er in der Wüste Juda war.

2 Gott, mein Gott bist du, dich suche ich, es dürstet nach dir meine Seele. Nach dir schmachtet mein Fleisch wie dürres, lechzendes Land ohne Wasser.

3 Darum halte ich Ausschau nach dir im Heiligtum, zu sehen deine Macht und Herrlichkeit.

4 Denn deine Huld ist besser als das Leben. Meine Lippen werden dich rühmen.

5 So preise ich dich in meinem Leben, in deinem Namen erhebe ich meine Hände.

6 Wie an Fett und Mark wird satt meine Seele, mein Mund lobt dich mit jubelnden Lippen.

7 Ich gedenke deiner auf meinem Lager und sinne über dich nach, wenn ich wache.

8 Ja, du wurdest meine Hilfe, ich juble im Schatten deiner Flügel.

9 Meine Seele hängt an dir, fest hält mich deine Rechte.

10 Die mir nach dem Leben trachten, um mich zu vernichten, sie müssen hinabfahren in die Tiefen der Erde.

11 Man gibt sie preis der Gewalt des Schwerts, sie werden den Schakalen zur Beute.

12 Der König aber freue sich an Gott! / Wer bei ihm schwört, darf sich rühmen. Doch allen Lügnern wird der Mund verschlossen.

Ach, wenn doch …

Man kann sich den Beter dieses Psalms gut vorstellen, wie er in der Wüste sitzt und schmachtet. Da ist der Vergleich mit dürrem Land, das nach Wasser lechzt, recht naheliegend. Aber wonach lechzt die Seele des Psalmbeters? Mein Eindruck ist, dass es ihm zwar schon um praktische Hilfe und Schutz vor den Feinden geht, aber mehr noch um dieses tiefe Gefühl einer Nähe zu Gott. „Meine Seele hängt an dir, fest hält mich deine Rechte“, so drückt er das aus, was er sich wünscht und: „Ich juble im Schatten deiner Flügel“. Es geht hier um Gottesnähe, Gottesferne und um Sehnsucht nach Gottesnähe. Es gibt Momente im Leben, da scheint vieles klar zu sein. Da habe ich den Eindruck: Ich ahne, wohin die Reise gehen soll und worauf es ankommt in meinem Leben. Da ergeben viele Dinge einen Sinn, lang gehegte Pläne gehen irgendwie doch auf und Hoffnungsperspektiven eröffnen sich. Und dann gibt es auch die Phasen im Leben, wo das gar nicht so ist. Da scheinen mich die „Mühen der Ebene“ schier zu erdrücken oder Ereignisse und Ergebnisse, die ich mir so sehr gewünscht habe, stellen sich einfach nicht ein. Die Frage taucht auf, wozu das alles gut sein soll? Wie soll ich jetzt weitermachen? Für was waren all die Mühen gut, wenn es keinen Ertrag gibt? In diesen Situationen fühlt es sich an wie ein Umherirren in der staubigen Wüste. Und so wie das Land zu schreien scheint: „Ach, wenn doch der Regen käme!“ so scheint meine Seele zu schreien: „Ach, wenn doch etwas geschähe, was mir die Freude und die Hoffnung zurückbringt!“ Ach, wenn es doch jemanden gäbe, der mich tröstet und mir Schatten spendet, wo doch die Sonne mir das Weitergehen so erbarmungslos schwer macht. Diese innere Not und

Sehnsucht fängt der Psalm ziemlich gut ein und verbindet die Sehnsucht des „Ach, wenn doch …“ mit einer Hoffnungsperspektive, weil die schon früher erfahrene Nähe zugleich auch als Möglichkeit für die Zukunft dasteht: „Ja, du wurdest meine Hilfe.“

Psalm 67

Gottes Segen über alle Welt

1 Für den Chormeister. Mit Saitenspiel. Ein Psalm. Ein Lied.
2 Gott sei uns gnädig und segne uns. Er lasse sein Angesicht über uns leuchten, [Sela]
3 damit man auf Erden deinen Weg erkenne, deine Rettung unter allen Völkern.
4 Die Völker sollen dir danken, Gott, danken sollen dir die Völker alle.
5 Die Nationen sollen sich freuen und jubeln, / denn du richtest die Völker nach Recht und leitest die Nationen auf Erden. [Sela]
6 Die Völker sollen dir danken, Gott, danken sollen dir die Völker alle.
7 Die Erde gab ihren Ertrag. Gott, unser Gott, er segne uns!
8 Es segne uns Gott! Fürchten sollen ihn alle Enden der Erde.

Segen für alle

Was soll ich mir eigentlich unter „Segen" vorstellen? Das ist gar nicht so einfach zu erklären, finde ich. Beim Lesen dieses Psalms ist mir ein Gedanke dazu gekommen. Da wird diese alte und zutiefst biblische Segensbitte angeführt: „Er lasse sein Angesicht über uns leuchten!" Man kann da natürlich über eine Herkunft von der Anrufung eines Sonnengotts nachdenken. Aber vielleicht gibt es auch noch eine andere Spur. Wenn ich mich in einer ziemlich unangenehmen Situation befinde, in der es mir nicht gut geht, weil ich mich fremd und allein fühle, weil ich verunsichert bin und nicht so recht weiter weiß, oder weil ich auf jemanden warte und mir langsam Sorgen mache – und plötzlich taucht da vor mir ein Mensch auf, den ich kenne, der mir vertraut ist oder der einfach nur freundlich zu mir ist. Leuchtet mir dann nicht ein Angesicht entgegen? Und wird es dabei gefühlt nicht heller im sonst so düsteren Raum? Man sagt ja über so einen Menschen, der einem wirklich etwas Gutes tut: Du bist ein wahrer Segen für mich! Ich kann das in meiner Vorstellung ganz gut mit einem Angesicht verbinden, das mir leuchtet. So in etwa ist Segen vielleicht vorstellbar. So einen Segen erbittet der Psalmenbeter von Gott. Es kommt aber noch etwas dazu. Inmitten einer altorientalischen Lebenswelt, in der jeder Volksstamm und jede Gruppe ihre eigenen Gottheiten hat, von der sie nur für sich und keinesfalls für andere Segen erbittet, inmitten dieser Gedankenwelt bittet der Psalmbeter um den Segen für alle Völker und für alle Menschen. Das ist schon besonders und irgendwie auch großzügig, mit weitem Blick und weitem Herzen. Dieses Denken und Beten lässt Gott groß sein, nicht nur in seiner Macht, sondern auch in seiner Güte. So wird dieser kleine Psalm zu einer großen Bitte – und auch zu einer großartigen. Dass in der Finsternis ein helles freundliches Gesicht da ist, das soll für alle Menschen so sein!

Psalm 70

Bitte eines Armen

1 Für den Chormeister. Von David. Zum Gedenkopfer.
2 Gott, komm mir zu Hilfe, Herr, eile mir zu helfen!
3 In Schande und Schmach sollen fallen, die mir nach dem Leben trachten. Zurückweichen sollen und vor Scham erröten, die sich über mein Unglück freuen.
4 Wegen ihrer Schande sollen sich abwenden, die da sagen: Ha, dir geschieht recht.
5 Frohlocken sollen und deiner sich freuen alle, die dich suchen. Es sollen immer sagen: Groß ist Gott, die dein Heil lieben.
6 Ich aber bin elend und arm. Gott, eile zu mir! Mein Helfer und mein Retter bist du. Herr, säume doch nicht!

Hohn und Spott

„Nur Hohn und Spott habt ihr für mich!" Ein recht humorvoller Geistlicher, den ich in meiner Jugendzeit kannte – und der damals schon ein ziemlich alter Mann war – hat gerne mal mit süffisant-humorvollem Ton diesen Ausspruch ins Gespräch einfließen lassen. So ein bisschen spötteln, jemanden auf lustige Weise hochnehmen oder über jemanden lästern, ob er jetzt selbst anwesend ist oder auch nicht, das macht ja auch Spaß und bringt ein bisschen Würze in so manches Gespräch. Aber natürlich kann das auch recht schnell kippen und dann zur Schadenfreude und zum arroganten „… ist ja auch selbst dran schuld!" werden. Der Psalmist klagt über die Leute, die sich an seinem Unglück erfreuen und die sagen, ihm geschehe ganz recht. Dass es nicht besonders schön ist, wenn zu dem Unglück, das man erfährt, auch noch der Spott und die Überheblichkeit anderer Leute kommt, hat wahrscheinlich jede und jeder schon mal erfahren. Fast noch schlimmer ist das Gelästere und üble Nachreden, das man selbst gar nicht mitbekommt, sich aber lebhaft vorstellen kann. Davon gibt es tatsächlich mehr als genug und es macht einem das Leben oft schwer.

In der umgekehrten Perspektive muss ich mir selbst dann natürlich auch die kritische Frage stellen: Inwieweit bin ich Teil dieser menschlichen Klimavergiftung? Hau ich nicht auch gerne mal einen klammheimlich schadenfrohen Spruch raus auf schmerzhafte Kosten von anderen, die eh schon in der Bredouille sitzen? Mischt sich da in meinen Humor nicht gerne mal auch ein Schuss Rachelust oder zumindest Revanchismus?

Dabei kann es in einer Krisensituation tatsächlich hilfreich sein, wenn man in seiner Not nicht auch noch Spott erntet, sondern von Menschen, von denen man es gar nicht erwartet, auch mal ein positives Signal bekommt. Wäre es nicht eine Möglichkeit, jemandem in einer solchen Situation zu verstehen zu geben: Bei allem Hickhack, dass es zwischen uns immer mal gibt, aber in der Situation, in die du geraten bist, sollten wir solchen Mist wirklich hinter uns lassen, denn Spott, Eifersüchteleien und auch Zwietracht sollten eine Grenze haben, wenn es ans Eingemachte geht!

Das kann ich mir ja mal mitnehmen und vielleicht bei der nächsten Gelegenheit dieser Art beherzigen: Solidarität sticht Spott! Denn frohlocken sollen die, die den Herrn suchen, sagt der Psalm.

Psalm 73

Anfechtung durch Frevler und Erfahrung der Nähe Gottes

1 Ein Psalm Asafs. Fürwahr, Gott ist gut für Israel, für alle, die reinen Herzens sind.

2 Ich aber – fast wären meine Füße gestrauchelt, beinahe wären ausgeglitten meine Schritte.

3 Denn ich habe mich über die Prahler ereifert, als ich das Wohlergehen der Frevler sah:

4 Sie leiden ja keine Qualen, ihr Leib ist gesund und wohlgenährt.

5 Sie kennen nicht die Mühsal der Sterblichen, sind nicht geplagt wie andere Menschen.

6 Darum ist Hochmut ihr Halsschmuck, wie ein Gewand umhüllt sie Gewalttat.

7 Sie sehen kaum aus den Augen vor Fett, ihr Herz läuft über von bösen Plänen.

8 Sie höhnen und reden Böses, Unterdrückung reden sie von oben herab.

9 Sie reißen ihr Maul bis zum Himmel auf und lassen auf Erden ihrer Zunge freien Lauf.

10 Darum wendet sich das Volk ihnen zu, das Wasser ihrer Worte schlürfen sie gierig.

11 Sie sagen: Wie sollte Gott davon wissen? Gibt es Wissen beim Höchsten?

12 Siehe, so sind die Frevler: Immer im Glück, häufen sie Reichtum auf Reichtum.

13 Fürwahr, umsonst bewahrte ich lauter mein Herz und wusch meine Hände in Unschuld.

14 Und doch war ich alle Tage geplagt und wurde jeden Morgen gezüchtigt.
15 Hätte ich gesagt: Ich will reden wie sie, siehe, ich hätte das Geschlecht deiner Kinder verraten.
16 Ich dachte nach, um dies zu begreifen, Mühsal war es in meinen Augen,
17 bis ich eintrat in Gottes Heiligtum und einsah, wie es mit ihnen zu Ende geht.
18 Fürwahr, du stellst sie auf schlüpfrigen Grund, du lässt sie in Täuschungen fallen.
19 Wie werden sie in einem Augenblick zum Entsetzen, werden dahingerafft, nehmen ein Ende mit Schrecken.
20 Wie einen Traum, nach dem Erwachen, mein Herr, verachtest du ihr Schattengebilde, wenn du aufstehst.
21 Ja, mein Herz war bitter und Schmerz bohrte mir in den Nieren.
22 Ich war ein Tor ohne Einsicht, wie Vieh bin ich gewesen bei dir;
23 aber ich bin doch beständig bei dir, du hast meine Rechte ergriffen.
24 Du leitest mich nach deinem Ratschluss, danach nimmst du mich auf in Herrlichkeit.
25 Wen habe ich im Himmel außer dir? Neben dir erfreut mich nichts auf Erden.
26 Mag mein Fleisch und mein Herz vergehen, Fels meines Herzens und mein Anteil ist Gott auf ewig.
27 Denn siehe: Die fern sind von dir, gehen zugrunde, du vernichtest alle, die dich treulos verlassen.

28 Ich aber – Gott nahe zu sein, ist gut für mich, / ich habe Gott, den Herrn, zu meiner Zuflucht gemacht. Ich will erzählen von all deinen Taten.

Woran das Herz hängt

Man merkt dem Psalm das innere Ringen und Hadern des Psalmbeters an, auch wenn das natürlich in eine literarische Form gegossen ist. Trotzdem kann man sie gut nachempfinden, diese bohrenden Fragen, die ihn belästigen. Ja, sie hat schon ihren Glanz, die Welt der Schönen und Reichen. Und ja, da gibt es auch den Eindruck, dass man vor allem möglichst skrupellos sein muss, um dazuzugehören. Moralische Bedenken sind eher störend. Besser kommt man voran, wenn man nimmt, was man kriegt. Und wer würde denn auch verzichten, wenn er oder sie problemlos kriegen kann, was das Herz begehrt? Also: alle Vorteile ausspielen, alle Register ziehen, sich durchschlängeln und die Neider möglichst blass aussehen lassen? Klar, man will ja kein Bandit und kein Unmensch sein. Man will ja nicht über Leichen gehen. Aber ärgerlich ist es schon, wenn da ein neuer Kollege auf der Bildfläche erscheint, der offensichtlich recht jovial und unverhohlen versucht, die Karriereleiter auf der Überholspur zu erklimmen. Und einen Stich gibt es einem auch, wenn die Nachbarschaft sich offensichtlich alles leisten kann, wobei man sich fragt, woher die nur immer das Geld haben. Oder man denke nur an all die alten Bekannten, aus denen irgendwie „was geworden ist“, denen es offensichtlich besser geht. Ja, hätte man mal seine Bedenken beiseitegestellt, hätte man Gelegenheiten ergriffen, von denen man meint, man hätte sie gehabt. Der Psalmist illustriert solche Gedanken mit kräftigen Bildern: „Ja, mein Herz war bitter und Schmerz bohrte mir in den Nieren." Schon bei diesen Worten zieht es mir alles zusammen und ich kann diese Bitterkeit nachempfinden. Wie aber kommt er da heraus? Er macht sich klar, wie sehr diese Vorstellung, dass es die anderen besser und leichter haben, größtenteils trügerisch ist. Diese Lebenswelten, in denen es doch sehr darum geht, mehr zu scheinen als zu sein – machen die wirklich glücklich? Der Überfluss – vertreibt er wirklich die tiefsitzende Langeweile und den Überdruss? Der Psalmbeter macht sich klar, dass sein Herz bei seinem Gott besser aufgehoben ist. Das kann man für einen billigen Trost halten. Man kann es aber auch als Gedankenanstoß aus diesem Psalm mitnehmen: Ist es nicht vielleicht doch die bessere Wahl, sein Herz an den zu hängen, den ich aus der Tiefe des Herzens noch mehr suche als allen äußeren Erfolg?

Wenn's grauslich wird

Psalmen sind uralte Texte aus einer anderen Zeit, einer anderen Kultur, einer anderen Weltsicht. Das bedeutet unausweichlich auch, dass sie mitteleuropäischen Leserinnen und Lesern des 21. Jahrhunderts zuweilen sehr fremd sein müssen. Besonders auffällig und nicht selten auch problematisch ist das, wenn es um die Abscheu gegenüber Feinden und um Gewalt geht. Man kann ja schwerlich von einem frommen und erbaulichen Text sprechen, wenn es sich darum dreht, die Feinde zu verdammen, ihr Blut zu vergießen, ihnen die Knochen zu brechen, sie elend zugrunde zu richten, und ihr Angedenken von der Erde zu tilgen. Wie soll man mit so etwas umgehen?

Ich glaube, es gibt einige Aspekte, die da weiterhelfen können:

- Die Psalmen sind Gebete von Menschen – Menschen aus Fleisch und Blut und Menschen mit guten und schlechten Seiten. Es gehört zur Faszination der Psalmen, dass man ihnen das bis heute anmerkt, auch wenn sie uralt sind. Die Psalmendichter haben ihre ganzen Emotionen mit eingebracht, als sie diese Texte aufschrieben: Hoffnung, Liebe, Hingabe, aber eben auch Wut, Zorn und sogar Aggression und Hass. Als solche emotionalen Texte muss man die Psalmen auch lesen – und viel weniger als unmittelbare Aufforderung, es dem Psalmisten gleichzutun.

- Die Psalmen stammen aus einer anderen Kultur, die tatsächlich durch ein ganz anderes Verständnis in vielen Lebensbereichen geprägt war. Das schließt auch Moralvorstellungen mit ein. Man kann und sollte diese anderen Moralvorstellungen kritisch betrachten. Niemand muss Zorn, Wut und Hass gut finden, nur weil sie in den Psalmen stehen. Angesichts der schlimmen Dinge, die sich in unserer Epoche und unserer Kultur tagtäglich ereignen, haben wir allerdings wenig Grund, uns den Altorientalen gegenüber als moralisch überlegen zu fühlen.

- Die Psalmen rufen die Menschen immer wieder dazu auf, sich auf die Seite Gottes zu stellen, und das heißt, auch auf die Seite der Gerechten, auf die Seite der Armen, der Unterdrückten und Geknechteten. Das wird durch eine starke Kontrastierung betont. Die andere Seite ist eben die Seite der Ungerechten, der Machtmissbraucher, der Unterdrücker, der Fieslinge und der Übeltäter. Solches Verhalten wird scharf verurteilt und verdammt. Sich zu denen zu zählen, ist großer Mist. Solange das als Aufruf zur Gerechtigkeit und gewissermaßen zu Umkehr und Bekehrung verstanden wird, kann ich damit umgehen. Schwierig ist es erst dann, wenn die Bösen konkret mit bestimmten Personen gleichgesetzt werden, die als zu vernichtende Feinde betrachtet werden. Die Psalmen haben hier zumindest ein Potenzial der Versuchung, das man nicht übersehen darf. Wenn ich Psalmen benutze, um meine persönlichen Feinde oder auch die Feinde meiner Gruppe, meiner Gemeinschaft oder meiner Nation zu brandmarken, rutsche ich auf eine Schiene des Missbrauchs. Dann verzwecke ich einen Text, der nicht für diesen meinen Zusammenhang gedacht war.

- Letztlich gibt es auch Psalmen, die mir bei allen Verständnishilfen fremd, unverständlich oder einfach unsympathisch bleiben. Dann ist es auch legitim, wenn ich um diesen Text einen Bogen mache. Die Bibel enthält wahrlich genug an Texten, Gedanken und Impulsen, dass ich für mich persönlich auch etwas davon ausblenden und „in den Schrank“ stellen kann. Das heißt natürlich nicht: Ich suche mir aus, was mir am besten in den Kram passt. Ich gewinne etwas, wenn ich mich von dem an- und notfalls auch aufregen lasse, an dem ich erstmal hängen bleibe. Aber manchmal muss man, wenn man auf einem Text herumkaut auch etwas wieder ausspucken, um es mit Dorothee Sölles Worten zu sagen. Das darf man auch bei der Bibellektüre.

Psalm 75

Gott, der Richter über Gerechte und Ungerechte

1 Für den Chormeister. Nach der Weise Zerstöre nicht! Ein Psalm Asafs. Ein Lied.

2 Wir haben dir gedankt, Gott, wir haben gedankt, nahe ist dein Name denen, die von deinen Wundern erzählten.

3 Ja, zu der Zeit, die ich selbst bestimme, richte ich in Geradheit.

4 Mag wanken die Erde mit all ihren Bewohnern, ich selber habe ihre Säulen fest gegründet. [Sela]

5 Ich sagte den Vermessenen: Seid nicht vermessen! und den Frevlern: Erhebt das Haupt nicht im Übermut!

6 Erhebt nicht so hoch euer Haupt! Redet nicht mit stolz gerecktem Nacken!

7 Denn weder vom Osten noch vom Westen noch von der Wüste kommt Erhöhung.

8 Nein, Gott ist der Richter; den einen erniedrigt, den andern erhöht er.

9 Ja, in der Hand des Herrn ist ein Becher, gefüllt mit gärendem, gewürztem Wein. Er schenkt davon ein, bis zur Hefe müssen ihn schlürfen, müssen ihn trinken alle Frevler der Erde.

10 Ich aber werde verkünden auf ewig, singen und spielen will ich dem Gott Jakobs.

11 Alle Häupter der Frevler schlage ich ab, doch erhöht wird das Haupt des Gerechten.

Gott als Richter?

Gott als Richter, das ist erst einmal ein schwieriges Thema, finde ich. Es taucht an vielen Stellen der Bibel auf, nicht zuletzt auch in den Gerichtsreden Jesu: Die gerechten Schafe zur Rechten, die ungerechten Böcke zur Linken, heißt es da. Nebenbei bemerkt gibt es dieses Motiv nicht nur in der jüdisch-christlichen Tradition. Auch in altägyptischen Vorstellungen kommt das Motiv der Seelenwaage vor: Nach dem Tod wird demnach die Seele gewogen, ob sie nicht zu schwer mit Unrecht beladen ist. Sogar in der antiken Philosophie spielen solche Gedanken eine Rolle. Platon zum Beispiel erzählt einen Jenseitsmythos, in dem die Seele, ihres Körpers entledigt, nackt vor den Richter tritt, der dann ohne Möglichkeit eines Verbergens sieht, wie die Seele so beieinander ist und danach urteilt.

Wie ist das also: Müssen Gläubige demnach in der Tiefe ihrer Seele mit einer Gerichtsangst durchs Leben gehen? Hoffentlich bleibe ich am jüngsten Tag nicht hängen, wenn ich vor meinen Richter treten muss! Hoffentlich reichen meine Bemühungen! Und was, wenn nicht? Was, wenn es dann heißt wie auf alten Schulzeugnissen: Hat sich bemüht, aber nicht genug angestrengt! Muss man angesichts dessen nicht ein notorisch schlechtes Gewissen haben? Schon wieder die Hausaufgaben nicht gründlich genug gemacht!

Ich kann eigentlich gut nachvollziehen, dass Menschen, die recht streng mit so einer Gottesvorstellung erzogen worden sind, irgendwann einmal in ihrem Leben zu einem großen

Befreiungsschlag ausholen und den ganzen Glauben über Bord werfen!

Kann man das aber nicht auch von einer anderen Seite betrachten, sodass es weniger beklemmend ist? Klar, es wird immer darauf verwiesen, dass Gott auch der Barmherzige und der Gütige ist, der uns in seiner Liebe umfängt und uns nicht fallen lässt, auch wenn wir es eigentlich verdient hätten. Zu den Gleichnissen Jesu gehört eben nicht nur die „Schafe- und Böcke-Geschichte", sondern auch der „Verlorene Sohn". Das ist schon mal eine andere Perspektive. Aber wie ist das jetzt mit der Gerechtigkeit? Die ist, so meint die Bibel immer wieder, besonders für die, die ungerecht behandelt werden: die Armen, die Bedrängten, die Machtlosen. Ihnen versichert unser Richterpsalm: Gott will das nicht! Er will nicht, dass die anderen über euch triumphieren, den Nacken recken und das Haupt über euch erheben! Gott will die Ungerechtigkeit nicht. Sie ist ihm zuwider, wie sie einem gerechten Richter zuwider ist. Deshalb nehmt das ernst, ihr Menschen, und übt Gerechtigkeit. Ich finde, das ist ein berechtigter Aufruf und das klingt auch nicht nach einem, der mir ein schlechtes Gewissen einreden will.

Psalm 81

Gottes Aufruf zur Treue

1 Für den Chormeister. Nach dem Kelterlied. Von Asaf.
2 Jubelt Gott zu, er ist unsere Stärke, jauchzt dem Gott Ja-
kobs!
3 Stimmt an den Gesang, schlagt die Pauke, die liebliche
Leier, dazu die Harfe!
4 Stoßt am Neumond ins Widderhorn, am Vollmond, zum
Tag unsres Festes!
5 Denn das ist Satzung für Israel, Entscheid des Gottes Ja-
kobs.
6 Das hat er als Zeugnis für Josef erlassen, / als er gegen
Ägypten auszog. Eine Stimme höre ich, die ich noch nie
vernahm:
7 Seine Schulter hab ich von der Bürde befreit, seine Hände
kamen los vom Lastkorb.
8 Du riefst in der Not und ich riss dich heraus; / ich habe
dich aus dem Versteck des Donners erhört, an den Was-
sern von Meríba geprüft. [Sela]
9 Höre, mein Volk, ich will dich mahnen! Israel, wolltest du
doch auf mich hören!
10 Kein fremder Gott soll bei dir sein, du sollst dich nicht
niederwerfen vor einem fremden Gott.
11 Ich bin der Herr, dein Gott, / der dich heraufgeführt hat
aus Ägypten. Weit öffne deinen Mund! Ich will ihn füllen.
12 Doch mein Volk hat nicht auf meine Stimme gehört; Israel
hat mich nicht gewollt.

13 Da überließ ich sie ihrem verstockten Herzen: Sollen sie gehen nach ihren eigenen Plänen.
14 Ach, dass mein Volk doch auf mich hörte, dass Israel gehen wollte auf meinen Wegen!
15 Wie bald würde ich seine Feinde beugen, meine Hand gegen seine Bedränger wenden.
16 Die den Herrn hassen, müssten ihm schmeicheln. Aber ihre Zeit soll zur Ewigkeit werden.
17 Ich würde es nähren mit bestem Weizen, dich sättigen mit Honig aus dem Felsen.

Was heißt da treu?

In diesem Psalm steht ein Motiv im Mittelpunkt, das einem im Alten Testament wieder und wieder begegnet, ganz besonders bei den Propheten, aber auch hier in den Psalmen. Gott ist der Treue und Liebende und immer wieder Geduldige. Das Volk Israel aber ist störrisch, eingebildet, treulos und ungehorsam. Oft wird dieses Verhältnis zwischen Gott und seinem Volk dargestellt wie eine verkorkste Liebesbeziehung. Er umwirbt sie, geht immer wieder neu auf sie zu, vergibt ihr, verzweifelt an ihr und kann doch nicht anders als die Liebe seiner Jugend immer wieder neu zu lieben. Sie dagegen lässt sich umwerben, geht die Beziehung mit ihm ein, wird aber dann immer wieder untreu, wendet sich von ihm ab und anderen zu, stößt ihn zurück, verfängt sich in ihrer eigenen Untreue, kommt vom Weg ab, geht in die Irre und muss von ihm wieder heimgeführt werden. Dabei erinnert Gott sein Volk an das, was er früher schon für es getan hat: Er hat die Israeliten aus der Sklaverei in Ägypten herausgeführt und als sie in der Wüste dürsteten und gegen ihn murrten, hat er ihnen in Meriba eine Quelle entspringen lassen. Sie aber haben sich auf die Anbetung anderer Götter eingelassen, haben nicht auf die Propheten gehört und ihre eigenen Pläne gemacht, die oft genug daneben gingen und sie ins Elend stürzten. Gott aber sagt zu Ihnen: Wie gut hättet ihr es doch, wenn ihr mir treu wärt, wenn ihr euch an meine Gebote halten würdet und wenn ihr aus ganzem Herzen mein Volk wärt. Soweit die Geschichte Israels und seines Gottes. Was hat das aber mit mir zu tun, was sagt mir dieser Psalm? Natürlich, der Aufruf zur Treue gegenüber Gott ist etwas, was über alle Zeiten und für alle gläubigen Menschen gilt. Was ist das eigentlich: Treue gegenüber Gott? Ich meine, wenn ich ein großer Übeltäter wäre, der ordentlich was auf dem Kerbholz hat, dann könnte ich mir schon sagen: Kehr um, hör auf mit dem Mist, besinn dich auf das, was du als Kind darüber gelernt hast, wie man ein anständiger Mensch ist! Jetzt bin ich aber eher so ein Durchschnittschrist: Ich habe keine Heldentaten vorzuweisen, aber auch keine großen Verbrechen begangen. Ich versuche, mein Leben auf die Reihe zu bekommen und meinen Mitmenschen keine Gemeinheiten zuzufügen. Ich komme mit meinem Glauben und meinen Zweifeln durchs Leben und hoffe, dass mich das auch dann trägt, wenn es richtig schwer werden sollte in meinem Leben – wissen kann man das ja nicht mit endgültiger Sicherheit. Was also kann das für mich bedeuten: mich auf die Treue gegenüber Gott zu besinnen? Mir ist da vor Jahren einmal ein Wort aus dem Prophetenbuch Micha über den Weg gelaufen und ich habe festgestellt, dass mir das in all seiner Schlichtheit ein wenig Orientierung gibt, wenn ich mich frage, wie ich mir diese Treue vorstellen kann. „Es ist dir gesagt worden, Mensch, was gut ist und was der HERR von dir erwartet: Nichts anderes als dies: Recht tun, Güte lieben und achtsam mitgehen mit deinem Gott.“ (Micha 6,8) Nun kann man natürlich sagen: Sehr konkret ist das auch nicht. Aber ich finde, dass da schon was drin steckt, mit dem ich etwas anfangen kann. „Recht tun“ hat natürlich viel mit dem biblischen Bild eines Gerechten zu tun. Diesem Ideal nachzustreben, wird durchaus konkret. Bei „Güte lieben“ denke ich ganz spontan an die Menschen, von denen ich selber in meinem Leben Güte erfahren habe. Ich finde, es lohnt sich, sich an ihnen zu orientieren. „Achtsam mitgehen mit deinem Gott“ hat für mich viel damit zu tun, mir immer wieder neu die Frage zu stellen, welche Bedeutung Gott in meinem Leben hat. Auf diese Weise wird der Aufruf zur Treue, den der Psalm verkündet, für mich greifbar und ich erahne, was ich davon mitnehmen kann auf meinen Weg.

Psalm 82

Gottes Gericht über die Götter

1 Ein Psalm Asafs. Gott steht auf in der Gottesversammlung, inmitten der Götter hält er Gericht.
2 Wie lange noch wollt ihr ungerecht richten und die Frevler begünstigen? [Sela]
3 Verhelft zum Recht den Geringen und Waisen, dem Elenden und dem Bedürftigen schafft Gerechtigkeit!
4 Befreit den Geringen und Armen, entreißt sie der Hand der Frevler!
5 Sie erkennen nicht, verstehen nichts, / sie wandeln umher in Finsternis. Alle Grundfesten der Erde wanken.
6 Ich habe gesagt: Ihr seid Götter, ihr alle seid Söhne des Höchsten.
7 Doch nun sollt ihr sterben wie Menschen, sollt stürzen wie einer der Fürsten.
8 Steh auf, Gott, und richte die Erde! Denn alle Nationen werden dein Erbteil sein.

Benimmregeln für die Götter

Das ist ein ziemlich schräger Psalm. Inmitten der Bibel, die doch das zentrale Schriftdokument einer durch und durch monotheistischen religiösen Tradition ist, taucht hier urplötzlich die Rede von einer Versammlung der Götter auf. Man kommt sich vor wie bei den antiken Griechen und Römern. Man kann da deutlich spüren, dass viele Texte des Alten Testaments nicht unbedingt so ganz innerhalb eines geschlossenen religiösen Systems entstanden sind, das theologisch von vorne bis hinten einheitlich durchkonzipiert wäre. Denn erstens war die religiöse Vorstellungswelt der biblischen Menschen keine isolierte, in sich geschlossene Gedankenwelt. Es gab viele Bezüge zur Lebens- und auch zur Glaubenswelt des antiken vorderen Orients. Auch Texte wurden dabei ausgetauscht, übernommen und erst allmählich in das Gesamtgefüge eingepasst. Zweitens war auch das theologische Konzept, das mit diesen Texten verbunden ist, nicht von vorneherein fertig, sondern hat sich verändert und entwickelt. Erst im Lauf dieser Entwicklung hat sich auch der Glaube an den einen Gott verfestigt und wurde theologisch so vertieft, dass es zu dem kam, was Religionswissenschaftler den theoretischen Monotheismus nennen: den Glauben also, dass es aus theologischen Überlegungen heraus nur den einen Gott geben kann. Was man in diesem Psalm beobachten kann, ist sozusagen der Weg dahin. Gott erscheint hier als eine Art Obergott, der in der Versammlung der Götter aufsteht und den anderen deutlich die Leviten liest. Andere Götter gab es im Vorderen Orient jede Menge. Jeder benachbarte Volksstamm hatte seine eigenen Götter, die für allerhand Lebensbereiche zuständig waren. Jetzt allerdings wird diesen Göttern erklärt, was ein ordentlicher Gott zu tun und zu lassen hat. Ungerechtigkeit und Unterstützung von miesen Typen geht da gar nicht. Das oberste Gebot heißt: Gerechtigkeit! Und es wird auch gleich erläutert, was damit gemeint ist: den Geringen und den Waisen, den Elenden und den Bedürftigen Gerechtigkeit verschaffen! Es geht also nicht nur um eine formale Gerechtigkeit, sondern um das, was wir heute die soziale Gerechtigkeit nennen. Es geht darum, dass die Benachteiligten aus ihrem Teufelskreis der

Armut und der Unterdrückung herauskommen. Wenn man es so betrachtet, dann ist das, finde ich, ein unerhört moderner Ansatz, um über das Thema Religion zu sprechen: Eine Religion taugt – in den Augen Gottes – dann etwas, wenn sie sich dafür einsetzt, soziale Ungerechtigkeit und Ungleichheit zu überwinden. Wenn sie das nicht hinbekommt, ist sie nichts anderes als Götzendienst. Und mit dieser Wendung ist der Psalm dann endgültig eine deutliche Einladung zur Selbstkritik: Wie schaut es mit mir aus? Setze ich mich für diese Gerechtigkeit ein oder betreibe ich die Anbetung von ungerechten „Göttern“? Was man als Mensch der heutigen Zeit unter dem Begriff „Götter, die eigentlich keine sind“ so alles unterbringen kann, dafür gibt es eine breite Palette an Möglichkeiten.

Psalm 85

Bitte um Frieden und Gerechtigkeit

1 Für den Chormeister. Ein Psalm der Korachiter.

2 Du hast wieder Gefallen gefunden, Herr, an deinem Land, du hast Jakobs Unglück gewendet.

3 Du hast deinem Volk die Schuld vergeben, all seine Sünden zugedeckt. [Sela]

4 Du hast zurückgezogen deinen ganzen Grimm, du hast dich abgewendet von der Glut deines Zorns.

5 Wende dich uns zu, du Gott unsres Heils, lass von deinem Unmut gegen uns ab!

6 Willst du uns ewig zürnen, soll dein Zorn dauern von Geschlecht zu Geschlecht?

7 Willst du uns nicht wieder beleben, dass dein Volk an dir sich freue?

8 Lass uns schauen, Herr, deine Huld und schenk uns dein Heil!

9 Ich will hören, was Gott redet: Frieden verkündet der Herr seinem Volk und seinen Frommen, sie sollen sich nicht zur Torheit wenden. [Sela]

10 Fürwahr, sein Heil ist denen nahe, die ihn fürchten, seine Herrlichkeit wohne in unserm Land.

11 Es begegnen einander Huld und Treue; Gerechtigkeit und Friede küssen sich.

12 Treue sprosst aus der Erde hervor; Gerechtigkeit blickt vom Himmel hernieder.

13 Ja, der Herr gibt Gutes und unser Land gibt seinen Ertrag.

14 Gerechtigkeit geht vor ihm her und bahnt den Weg seiner Schritte.

Muss man Gott besänftigen?

Eines der biblischen Motive, die einem erst einmal ziemlich schräg und merkwürdig vorkommen, ist die Rede vom Zorn Gottes. Wird Gott da nicht viel zu menschlich gedacht, wenn über ihn gesagt wird, er wäre zornig, weil die Menschen nicht auf ihn hören? Nach einiger Zeit würde sich sein Zorn besänftigen lassen und dann würde es schon wieder klappen mit ihm und den Menschen. Das scheint zu einem christlichen Gottesbild so gar nicht zu passen.

Ich glaube, man muss das von einer anderen Seite her betrachten, um das aufzuschlüsseln. Es geht hier nur auf den ersten Blick um ein vermenschlichtes Gottesbild. In einer tieferen Schicht geht es eher um historische Erfahrung, die im Licht der Religion gedeutet und für ein religiöses Denken und Empfinden fruchtbar gemacht wird. Um sich das klarzumachen, schaut man wohl am besten auf den Ereignisstrang, der sich mit dem Begriff „Babylonisches Exil“ verbindet. Es beginnt 597 v.Chr. mit der ersten Eroberung Jerusalems und des Königreiches Juda durch den babylonischen König Nebukadnezar II. und dauert bis zur Eroberung Babylons 539 v.Chr. durch den Perserkönig Kyros II. Grob gesagt, geht es darum, dass ein Teil der israelitischen Bevölkerung deportiert wurde. Das bedeutet, sie wurden gezwungen, sich weit weg von zuhause in Babylon anzusiedeln. Unter Kyros II. wurde ihnen dann die Rückkehr erlaubt und es erfolgte schließlich in Jerusalem der Wiederaufbau des Tempels. Ohne jetzt hier weiter auf historische Daten und Diskussionen einzugehen, spielt in religiöser Hinsicht vor allem Folgendes eine Rolle: Die Israeliten haben in dieser Situation einen anderen theologischen Weg beschritten als andere orientalische Völker. Sie haben nach der verheerenden Niederlage nicht die Gottheit gewechselt, sondern sich gefragt: Was ist schief gegangen, dass Gott sein Volk nicht vor dieser Katastrophe beschützt hat? Und was können wir tun, um wieder zu einer Änderung zu kommen? Ihr Fazit war: Wir müssen uns innerlich erneuern! Wir sind in vielen Hinsichten in die Irre gegangen. Wir sind Gott untreu geworden, nicht er uns! Diese Erkenntnis drückt sich, wenn man so will, in der Rede vom Zorn Gottes aus. Als dann schließlich Rückkehr und Neuaufbau gelangen, war ihnen das der Anlass für einen tief empfundenen Dank: Unser Gott hat uns nicht vergessen. Wir hatten Buße nötig, aber er hat uns vergeben und uns wieder aufgenommen! Diese Erfahrung hat sich in die jüdische und später auch christliche Tradition tief eingeprägt: Religion und Gottesbeziehung sind nichts Statisches. Es gibt ein Auf und ein Ab und dann – Gott sei Dank – wieder ein Auf. Menschen sind immer in der Gefahr, innerlich mehr oder weniger zu verlottern, ihren Prinzipien und guten Vorsätzen und auch ihrem Gott untreu zu werden. Oft führt das zur Unzufriedenheit mit sich selbst: Man ist nicht mehr im Reinen mit sich selbst und auch nicht mit seinem Gott. Aber – und das will der Psalm, glaube ich, nachdrücklich klar machen – es gibt die Möglichkeit, neu anzufangen, umzudenken und umzukehren. Dieser Weg verspricht, dass der innere Frieden zurückkehrt. Da geht es nicht darum, einen zornigen Gott zu besänftigen. Wichtig ist es, dass ich meine inneren Quellen wiederfinde und damit die tiefe Zuversicht wiederentdecke, die der Glaube mir doch eigentlich gibt. Ich finde, so herum betrachtet, beginnt der Psalm ganz anders zu mir zu sprechen und es lohnt sich, das mitzunehmen.

Psalm 88

Klage eines Vereinsamten im Angesicht des Todes

1 Ein Lied. Ein Psalm der Korachiter. Für den Chormeister. Nach der Weise Krankheit zu singen. Ein Weisheitslied Hemans, des Esrachiters.
2 Herr, du Gott meiner Rettung, am Tag und in der Nacht schrei ich vor dir.
3 Lass mein Bittgebet vor dein Angesicht kommen, neige dein Ohr meinem Rufen!
4 Denn mit Leid ist meine Seele gesättigt, mein Leben berührt die Totenwelt.
5 Schon zähle ich zu denen, die hinabsteigen in die Grube, bin wie ein Mensch, in dem keine Kraft mehr ist.
6 Ausgestoßen unter den Toten, wie Erschlagene, die im Grab liegen, derer du nicht mehr gedenkst, abgeschnitten sind sie von deiner Hand.
7 Du brachtest mich in die unterste Grube, in Finsternisse, in Tiefen.
8 Auf mir lastet dein Grimm, mit all deinen Wogen drückst du mich nieder. [Sela]
9 Entfernt hast du von mir meine Vertrauten, zum Abscheu machtest du mich ihnen. Gefangen bin ich und komm nicht heraus.
10 Mein Auge erlischt vor Elend. Den ganzen Tag, Herr, ruf ich zu dir, ich strecke nach dir meine Hände aus.
11 Wirst du an den Toten Wunder tun, werden Schatten aufstehn, um dir zu danken? [Sela]
12 Erzählt man im Grab von deiner Huld, von deiner Treue im Totenreich?

13 Werden deine Wunder in der Finsternis erkannt, deine Gerechtigkeit im Land des Vergessens?
14 Ich aber, Herr, ich schreie zu dir um Hilfe, am Morgen komme zu dir mein Bittgebet.
15 Warum, Herr, verstößt du mich, verbirgst vor mir dein Angesicht?
16 Elend bin ich, ein Sterbender von Jugend an, ich trage deine Schrecken und erstarre.
17 Über mich fuhr dahin die Glut deines Zorns, deine Schrecken haben mich vernichtet.
18 Sie umfluten mich den ganzen Tag wie Wasser, sie dringen auf mich ein von allen Seiten.
19 Entfernt hast du von mir Freunde und Nachbarn, mein Vertrauter ist nur noch die Finsternis.

Die Verzweiflung rausschreien

Das Ende an diesem Psalm ist besonders bitter: „Mein Vertrauter ist nur noch die Finsternis". Wer so etwas sagt, lässt an seiner Verzweiflung auch nicht den Hauch eines Zweifels. Der ganze Psalm ist eine einzige bittere Klage. Im Unterschied zu anderen Klagepsalmen endet dieser hier nicht mit Dankbarkeit für die Erhörung der Bitten, mit Lob oder wenigstens einem Ausdruck der Hoffnung. Die Klage wird in wuchtige Worte gepackt: Finsternis in der tiefsten Grube, abgeschnitten sein von allen Freunden, die vor lauter Abscheu nichts mehr von einem wissen wollen, Todesnähe, Ausweglosigkeit. Der Psalmist wird sogar richtig zynisch gegenüber seinem Gott: „Erzählt man im Grab von deiner Huld, von deiner Treue im Totenreich?". Das klingt nach:

Wenn du mich zugrunde gehen lässt, kann ich dich eben nicht mehr loben, das hast du dann davon! Trotz, Zorn, Aufruhr und immer wieder Verzweiflung brechen da aus dem Betenden hervor. Aber gerade diese Kantigkeit, diese bittere Garstigkeit, diese unverblümte Enttäuschung führen dazu, dass mich dieser Psalm berührt und mir etwas sagt. Ja, solche Situationen kenne ich zumindest in Ansätzen auch in meinem Leben. Situationen, in denen scheinbar nichts klappt, in denen keine Rechnung aufgeht, ein Übel zum anderen kommt und ich mir und meinem Gott die Frage stelle: Was soll das alles? Was kommt denn noch? Ist es jetzt nicht langsam genug? Dabei kann ich mir aber immer noch denken: Im Vergleich zu dem, was andere ertragen müssen, ist das bei mir ja noch läppisch. Trotzdem ist da dieser riesige Klotz an Enttäuschung, den ich hinunterwürgen und verdauen muss. Und es ist da die Verzweiflung: „Gefangen bin ich und komm nicht heraus.“ Der Psalm liefert keine konstruktive Lebenshilfe. Er sagt nicht, was zu tun ist. Er bietet nicht einmal eine Hoffnungsperspektive an. Er ist einfach trostlos. Und trotzdem habe ich den Eindruck, dass er mir eine Botschaft ausrichtet. Er sagt mir: Ja, so kann es einem gehen in diesem Leben. Und er sagt: Dann darfst du dich auch vor deinen Gott hinstellen und klagen. Mehr noch: Du darfst tatsächlich deine ganze Enttäuschung und deine Verzweiflung hinausschreien. Dein Gott hält das aus. Er ist kein frömmlerischer Schöngeist in Pastelltönen. Er ist ein alltagstauglicher Gott, zu dem du mit allem kommen kannst, auch mit Wut und Verzweiflung. In meinem Leben hat sich Vieles auch zum Guten gewendet und ich habe tatsächlich auch viel Grund zur Dankbarkeit. Aber ich weiß, dass das in diesem

Dasein nicht immer so ist. Ich weiß, dass es auch eine Verzweiflung bis in das Totenreich gibt. Und doch ist da auch die Gewissheit, dass dieser Gott, der hier angeschrien wird, hört und wahrnimmt und es ihn nicht kalt lässt.

Psalm 90

Der ewige Gott – der vergängliche Mensch

1 Ein Bittgebet des Mose, des Mannes Gottes. O Herr, du warst uns Wohnung von Geschlecht zu Geschlecht.

2 Ehe geboren wurden die Berge, / ehe du unter Wehen hervorbrachtest Erde und Erdkreis, bist du Gott von Ewigkeit zu Ewigkeit.

3 Zum Staub zurückkehren lässt du den Menschen, du sprichst: Ihr Menschenkinder, kehrt zurück!

4 Denn tausend Jahre sind in deinen Augen wie der Tag, der gestern vergangen ist, wie eine Wache in der Nacht.

5 Du raffst sie dahin, sie werden wie Schlafende. Sie gleichen dem Gras, das am Morgen wächst:

6 Am Morgen blüht es auf und wächst empor, am Abend wird es welk und verdorrt.

7 Ja, unter deinem Zorn schwinden wir hin, durch deine Zornesglut werden wir starr vor Schrecken.

8 Unsere Sünden hast du vor dich hingestellt, unsere verborgene Schuld in das Licht deines Angesichts.

9 Ja, unter deinem Grimm gehen all unsere Tage dahin, wir beenden unsere Jahre wie einen Seufzer.

10 Die Zeit unseres Lebens währt siebzig Jahre, wenn es hochkommt, achtzig. Das Beste daran ist nur Mühsal und Verhängnis, schnell geht es vorbei, wir fliegen dahin.

11 Wer erkennt die Macht deines Zorns und fürchtet deinen Grimm?

12 Unsere Tage zu zählen, lehre uns! Dann gewinnen wir ein weises Herz.

13 Kehre doch um, Herr! – Wie lange noch? Um deiner
Knechte willen lass es dich reuen!
14 Sättige uns am Morgen mit deiner Huld! Dann wollen wir
jubeln und uns freuen all unsre Tage.
15 Erfreue uns so viele Tage, wie du uns gebeugt hast, so viele
Jahre, wie wir Unheil sahn.
16 Dein Wirken werde sichtbar an deinen Knechten und
deine Pracht an ihren Kindern.
17 Güte und Schönheit des Herrn, unseres Gottes, sei über
uns! / Lass gedeihen das Werk unserer Hände, ja, das
Werk unserer Hände lass gedeihn!

Dem Tod ins Auge schauen

Der Gedanke „... schnell geht es vorbei, wir fliegen dahin" ist nicht so angenehm. Interessanter Weise hat sich an der Zeitperspektive gar nicht so viel geändert, wie man meinen möchte: „Die Zeit unseres Lebens währt siebzig Jahre, wenn es hochkommt, achtzig." So viel an Lebenserwartung ist da gar nicht dazugekommen. Umso bedenklicher, wenn man darauf schaut, wie die Jahre vorbeiziehen. Selbst wenn es den Menschen gelänge, die Lebensspanne mit Hilfe der Wissenschaft erheblich auszudehnen, würde sich an der Tatsache nicht viel ändern, dass das Leben doch mehr oder weniger vorbeifliegt. Wir bleiben ja doch wie Gras, das aufblüht, um schon bald wieder zu verwelken. Unser Dasein ist ein Sein zum Tode, wie man es philosophisch ausdrücken kann. Am Ende ist es vorbei und der Tod ist irgendwie immer ein Mörder, sagt man auch so schön. Der Psalm meint dazu: „Unsere Tage zu zählen, lehre uns! Dann gewinnen wir ein weises

Herz!“ Was ist damit gemeint, frage ich mich. Es kann nicht darum gehen, im buchstäblichen Sinn den Kalender abzuzählen. Die Zukunft ist ungewiss und für die Vergangenheit bringt eine Zählerei nicht viel, schon gar kein weises Herz. Ich denke, es geht eher darum, sich diese Bemessenheit und Begrenztheit des Lebens bewusst zu machen und sie nicht wegzuschieben. Ob alt oder jung, keiner von uns weiß um seine Lebensspanne, heute noch kann sie enden, oder erst in Jahrzehnten. Es hilft natürlich nichts, ständig in Todesängsten durchs Leben zu gehen oder sich aus lauter Furcht davor zu verstecken. Aber sich hin und wieder vor Augen zu führen, dass jeder Tag ein Geschenk ist, das es als solches anzunehmen und zu würdigen gilt, ist schon hilfreich und hat wohl tatsächlich etwas mit Weisheit zu tun. Menschen, die mit einer absehbar begrenzten Lebenszeit konfrontiert sind, oft aufgrund von Krankheiten, berichten immer wieder davon, wie intensiv sie ihr Leben vom Zeitpunkt dieser Erkenntnis an wahrnehmen. Das macht das Sterben nicht leichter, klar. Aber das Leben nicht als selbstverständlichen Anspruch anzusehen, den man nun einmal zu haben meint, lehrt auch die Demut vor der Kostbarkeit des Lebens. Und für Christen bleibt es bei aller Aufgeklärtheit dabei: Die Hoffnung auf Gott ist immer auch die Hoffnung auf seine Güte und seinen Willen zum Heil, mag der Psalmist auch noch so über den Zorn Gottes stöhnen. Er, der mich ins Dasein gesetzt und mir diese Sehnsucht nach wirklichem Sein eingepflanzt zu haben scheint, er wird mich nicht einfach wieder ins Nichts fallen lassen. Dann nämlich wäre das Leben des Menschen wirklich absurd, sinnlos und zuletzt auch grausam. Ich nehme mir also aus diesem Psalm mit: meine Tage auf diese Weise zählen, sie als Geschenke empfangen; die Menschen, die mir begegnen, ein wenig so sehen, als ob sie mir für diesen Tag geschenkt sind und nicht als ob sie unbegrenzt zur Verfügung stünden; und festhalten an der Hoffnung auf meinen Gott: „Dein Wirken werde sichtbar an deinen Knechten!" – „Das Werk unserer Hände lass gedeihen!"

Auf gut deutsch

Im Original sind die Psalmen auf Hebräisch verfasst. Im Deutschen lesen wir sie in einer Übersetzung und die ist, wie jede Übersetzung, auch eine Übertragung. Antike hebräische Wörter müssen dabei durch möglichst identische Wörter des modernen Deutsch ersetzt werden. Das klappt meist recht gut. Manchmal ist es schwierig, zum Beispiel, weil Begriffe einen nicht ganz identischen Bedeutungsumfang haben. Sprachspiele und Anspielungen funktionieren oft nur in einer Sprache, in einer anderen eben nicht. Manchmal kann man nur erahnen, warum an einer Stelle gerade ein bestimmtes Wort verwendet wurde. Deshalb muss man versuchen, die Botschaft, die der Autor seinem Text mitgeben wollte, zu ergründen und in einer anderen Sprache möglichst treffend wiederzugeben.

Weil die Bibel schon viele Male ins Deutsche übersetzt wurde, gibt es eine ganze Reihe von „konkurrierenden“ Übersetzungen. Man kann Übersetzungen vergleichen und schauen, mit welchem Text man gut klarkommt. Dank Internet ist das ziemlich einfach und mit ein paar Klicks zu machen.

In diesem Buch sind die Psalmen mit dem Text der revidierten katholischen Einheitsübersetzung von 2016 wiedergegeben. Das bedeutet, dass eine ältere Übersetzung (die Einheitsübersetzung von 1980) überarbeitet wurde. Dabei haben die beteiligten Fachleute vor allem darauf geachtet, sich möglichst nahe am hebräischen Originaltext zu halten, auch wenn das ein weniger elegantes und gefälliges Deutsch bedeutet. Es kann also gut sein, dass die Sprache sich manchmal etwas eckig und kantig anhört. Man kann das kritisieren – wie eben jede Übersetzung kritisiert werden kann. Ich finde persönlich, dass eine große Nähe zum Original dafür auch etwas Urtümliches ausstrahlt und dass eine kantige Sprache ihren eigenen Reiz hat: Sie regt an, hier und da hängenzubleiben und nachzudenken. Aber klar, manchmal wirkt der Text dafür fremdartiger, als es sein müsste. Dann hilft vielleicht der Blick auf eine oder mehrere andere Übersetzungen – ein Richtig und Falsch gibt es dabei nicht.

Psalm 91

Unter dem Schutz des Höchsten

1 Wer im Schutz des Höchsten wohnt, der ruht im Schatten des Allmächtigen.
2 Ich sage zum Herrn: Du meine Zuflucht und meine Burg, mein Gott, auf den ich vertraue.
3 Denn er rettet dich aus der Schlinge des Jägers und aus der Pest des Verderbens.
4 Er beschirmt dich mit seinen Flügeln, / unter seinen Schwingen findest du Zuflucht, Schild und Schutz ist seine Treue.
5 Du brauchst dich vor dem Schrecken der Nacht nicht zu fürchten, noch vor dem Pfeil, der am Tag dahinfliegt,
6 nicht vor der Pest, die im Finstern schleicht, vor der Seuche, die wütet am Mittag.
7 Fallen auch tausend an deiner Seite, / dir zur Rechten zehnmal tausend, so wird es dich nicht treffen.
8 Mit deinen Augen wirst du es schauen, wirst sehen, wie den Frevlern vergolten wird.
9 Ja, du, Herr, bist meine Zuflucht. Den Höchsten hast du zu deinem Schutz gemacht.
10 Dir begegnet kein Unheil, deinem Zelt naht keine Plage.
11 Denn er befiehlt seinen Engeln, dich zu behüten auf all deinen Wegen.
12 Sie tragen dich auf Händen, damit dein Fuß nicht an einen Stein stößt;
13 du schreitest über Löwen und Nattern, trittst auf junge Löwen und Drachen.

14 Weil er an mir hängt, will ich ihn retten. Ich will ihn schützen, denn er kennt meinen Namen.
15 Ruft er zu mir, gebe ich ihm Antwort. / In der Bedrängnis bin ich bei ihm, ich reiße ihn heraus und bring ihn zu Ehren.
16 Ich sättige ihn mit langem Leben, mein Heil lass ich ihn schauen.

Unverwundbar?

Das klingt doch echt super: Gottes Schutz in jeder Lebenslage, dann kann dir nichts mehr passieren! Das Rundum-sorglos-Paket sozusagen. Die Engel Gottes passen auf, dass nichts und niemand dir zu nahe kommt. Das Leben sieht allerdings erst mal anders aus. Da geht die Sonne auf über Gerechten und Ungerechten und oft genug sind es gerade die Ungerechten, die besser fahren als die, die sich Gedanken machen und sich abmühen, gute Menschen zu sein. Davon singen ja auch viele Psalmen ein Lied. Was also anfangen mit diesem „Kraft-Meier-Psalm“? Ist das einfach nur vollmundig und übermütig dahergeredet, nach dem Motto: „Mir passiert schon nichts“ oder hat das auch eine geistige Tiefe? Wenn man die Sache von der anderen Seite betrachtet: Natürlich gehört es zu einem biblisch geprägten Glauben, Gott im Gebet auch um seinen Schutz zu bitten, in seinen Stoßgebeten und Fürbitten zu beten: „Oh Herr, bewahre mich!“ Gerade dann, wenn es brenzlig wird im Leben, ist das Gebet wichtig. Gleichzeitig gehört zu dieser Art Bittgebet aber auch immer die Bereitschaft, sich dem anzuvertrauen, was Gott mit einem vorhaben mag. Dafür gibt es ein ganz besonderes

Vorbild im Gebet Jesu am Ölberg in der Nacht vor seinem Leiden und Sterben. In Matthäus 26,39 heißt es: „Und er [Jesus] ging ein Stück weiter, warf sich auf sein Gesicht und betete: Mein Vater, wenn es möglich ist, gehe dieser Kelch an mir vorüber. Aber nicht wie ich will, sondern wie du willst." Jesus wurde nicht vor dem Kreuzestod bewahrt. Trotzdem feiern wir ihn als den auferstandenen Christus, weil nach diesem Glauben Gottes Wille zum Heil größer ist als alles, was in dieser Welt an schlimmen Dingen geschehen kann – und das ist schon ziemlich viel. Der Glaube bewahrt also nicht vor dem Übel, da könnte man dem Psalm tatsächlich eine gewisse Blauäugigkeit vorwerfen. Aber es ist auch die unausrottbare Hoffnung der biblischen Überlieferung und des Glaubens an diesen von der Bibel bezeugten Gott, dass er zuletzt doch der Größere und der Heilsmächtigere ist. Das Schicksal dieser Welt und damit auch unser menschliches Schicksal ist letztlich eben doch zugunsten des Heils, der Erlösung und der Güte Gottes entschieden, wie der Theologe Karl Rahner das einmal ausgedrückt hat. Wenn man den Psalm als Ausdruck dieser Zuversicht versteht, dann ist er nicht nur vollmundiges Geschwafel, sondern wird dadurch zu einem wortgewaltigen Manifest der Hoffnung. Das passt gut, finde ich und so kann ich diesen Psalm mit großer innerer Übereinstimmung lesen: Gott wird mich nicht fallen lassen, er wird mich auffangen – und die anderen auch!

Psalm 97

Aufruf zur Freude an Gottes Königtum

1 Der Herr ist König. Es juble die Erde! Freuen sollen sich die vielen Inseln.

2 Rings um ihn her sind Wolken und Dunkel, Gerechtigkeit und Recht sind die Stützen seines Thrones.

3 Feuer geht vor ihm her, verzehrt seine Gegner ringsum.

4 Seine Blitze erhellen den Erdkreis, die Erde sieht es und bebt.

5 Berge schmelzen wie Wachs vor dem Herrn, vor dem Angesicht des Herrn der ganzen Erde.

6 Seine Gerechtigkeit verkünden die Himmel, seine Herrlichkeit schauen alle Völker.

7 Alle, die Bildern dienen, werden zuschanden, / die sich der Götzen rühmen. Vor ihm werfen sich alle Götter nieder.

8 Zion hört es und freut sich, / Judas Töchter jubeln, Herr, über deine Urteile.

9 Denn du, Herr, bist der Höchste über der ganzen Erde, hoch erhaben bist du über alle Götter.

10 Die ihr den Herrn liebt, hasst das Böse! / Er behütet das Leben seiner Frommen, er entreißt sie der Hand der Frevler.

11 Licht wird ausgesät für den Gerechten, Freude für die, die geraden Herzens sind.

12 Freut euch am Herrn, ihr Gerechten, dankt seinem heiligen Namen!

Aufruf zum Bildersturm

Diejenigen, die sich an die Gerechtigkeit Gottes halten, werden hier denen gegenübergestellt, die „Bildern“ dienen. Gemeint sind Götterbilder, wie sie in antiken Religionen üblich waren. Wie soll man das verstehen? Zunächst einmal geht es im religionshistorischen Zusammenhang um das, was mit dem „Bilderverbot“ im Judentum gemeint ist: „Du sollst dir kein Bild machen von deinem Gott!“ Deshalb gab und gibt es im Judentum keine bildlichen Darstellungen von Gott. Aus der Sicht der meisten anderen antiken Religionen war das eine Absonderlichkeit. Der römische Feldherr Pompeius soll sogar deshalb in das Innerste des Tempels in Jerusalem eingedrungen sein, weil er nicht glauben wollte, dass es dort keine Götterstatue gab. Das Bilderverbot hat auch den theologischen Hintergrund, dass jedes Bild, das Menschen sich von Gott machen, immer ein falsches Bild ist. Gott kann man nicht so abbilden, wie er ist. Es gibt aber noch eine andere Sinnspitze, die zum Beispiel in der Geschichte vom „goldenen Kalb“ deutlich wird. Während Mose auf dem Berg Sinai war und dort von Gott die Zehn Gebote entgegennahm, haben unten im Tal die Israeliten sich ein Kalb aus Gold gegossen und dieses handelsübliche Götterbild rituell verehrt. Mose machte bei seiner Rückkehr diesem „Tanz ums goldene Kalb“ ein Ende und zerstörte dieses Götterbild. Der springende Punkt dabei ist, dass es bei solchen Götzenbildern nicht nur um eine symbolische Abbildung ging, sondern dass solche Figuren in einem magischen Verständnis tatsächlich als göttlich verehrt wurden. Der Gott, den man anbetet, sollte also nicht nur abgebildet, sondern im Bild auch tatsächlich präsent sein. Man macht sich einen aufwändig gestalteten Kultgegenstand und betet dann mit aller Hingabe und Verehrung diesen Gegenstand an. Der Gegenstand wird zum Götzen, an den man sein Herz hängt. Und hier ist der Moment, an dem die ganze Sache dann auch eine kritische Frage über die Zeiten hinweg aufwirft. Es geht gar nicht so sehr um Heiligenbilder oder religiöse Kunst. Es geht eher um die Frage: Woran hänge ich mein Herz? An schöne Gegenstände? Ans Häusle oder ans „Heilig Blechle“? An Reichtum und Genuss? An Idole und idealisierte Stars oder Gurus? An eine fixe Idee vielleicht? Menschen können ihr Herz an Vieles hängen und sie können auch ziemlich verblendet dabei sein. Da ist es wichtig, sich selbst kritisch zu fragen: Habe ich noch genug inneren Abstand zu dem, was mir besonders wichtig ist? Der Psalm meint jedenfalls, dass ich mein Herz vor allem an Gottes Gerechtigkeit hängen und das Böse verabscheuen soll. Das wäre dann ein Bildersturm der etwas anderen Art.

Psalm 103

Loblied auf den barmherzigen und gerechten Gott

1 Von David. Preise den Herrn, meine Seele, und alles in mir seinen heiligen Namen!
2 Preise den Herrn, meine Seele, und vergiss nicht, was er dir Gutes getan hat!
3 Der dir all deine Schuld vergibt und all deine Gebrechen heilt,
4 der dein Leben vor dem Untergang rettet und dich mit Huld und Erbarmen krönt,
5 der dich dein Leben lang mit Gaben sättigt, wie dem Adler wird dir die Jugend erneuert.
6 Der Herr vollbringt Taten des Heils, Recht verschafft er allen Bedrängten.
7 Er hat Mose seine Wege kundgetan, den Kindern Israels seine Werke.
8 Der Herr ist barmherzig und gnädig, langmütig und reich an Huld.
9 Er wird nicht immer rechten und nicht ewig trägt er nach.
10 Er handelt an uns nicht nach unsern Sünden und vergilt uns nicht nach unsrer Schuld.
11 Denn so hoch der Himmel über der Erde ist, so mächtig ist seine Huld über denen, die ihn fürchten.
12 So weit der Aufgang entfernt ist vom Untergang, so weit entfernt er von uns unsere Frevel.
13 Wie ein Vater sich seiner Kinder erbarmt, so erbarmt sich der Herr über alle, die ihn fürchten.
14 Denn er weiß, was wir für Gebilde sind, er bedenkt, dass wir Staub sind.

15 Wie Gras sind die Tage des Menschen, er blüht wie die Blume des Feldes.
16 Fährt der Wind darüber, ist sie dahin; der Ort, wo sie stand, weiß nichts mehr von ihr.
17 Doch die Huld des Herrn währt immer und ewig / für alle, die ihn fürchten. Seine Gerechtigkeit erfahren noch Kinder und Enkel,
18 alle, die seinen Bund bewahren, die seiner Befehle gedenken und danach handeln.
19 Der Herr hat seinen Thron errichtet im Himmel, seine königliche Macht beherrscht das All.
20 Preist den Herrn, ihr seine Engel, / ihr starken Helden, die sein Wort vollstrecken, die auf die Stimme seines Wortes hören!
21 Preist den Herrn, all seine Heerscharen, seine Diener, die seinen Willen tun!
22 Preist den Herrn, all seine Werke, / an jedem Ort seiner Herrschaft! Preise den Herrn, meine Seele!

Was für ein Gott!

Der Psalm soll ein Loblied auf Gott sein. Aber er begnügt sich nicht einfach damit, mir zu erklären, dass Gott wunderbar und herrlich und deshalb zu loben ist. Er erzählt mir auch, warum das so ist. Und was er da erzählt, ist ziemlich erstaunlich, finde ich. Da wird in kraftvollen Worten ein Gottesbild ausgebreitet, das auch gleich noch eine Beziehungsgeschichte zwischen Mensch und Gott dargestellt, und die hat schon etwas. Dieser große und allmächtigen Gott, dessen Hoheit und Pracht für die Bibel so wichtig ist, dieser Gott wird hier beschrieben, wie man sich einen gütigen Vater vorstellt. Seine Größe besteht gerade darin, dass er nicht hochherrschaftlich daherkommt, sondern sich zum Menschen hinunterbegibt. Er vollbringt nicht Taten des Schreckens, sondern Taten des Heils. Er ist mir zugetan und schaut mein ganzes Leben lang, wo er mir Gutes tun kann. Er sieht meine Schwächen und meine Fehler, aber er weiß auch, dass er von mir nicht allzu viel erwarten kann. Seine Güte ist so weit wie der Himmel. Und deshalb kann er mir gar nicht richtig böse sein. Wer einen Menschen hat oder je gehabt hat, der ihr oder ihm von Herzen zugetan war – Mutter, Vater, Oma, Opa, Ehepartner oder auch sonst wen – kann wahrscheinlich nachempfinden, was hier gemeint ist. Man weiß einfach unverbrüchlich, dass diese Person einen mag, einen lieb hat und deshalb alles tun würde, dass es einem gut geht. Der große Theologe Karl Rahner hat das einmal als Beispiel verwendet, um zu erklären, was Glaubensgewissheit ist. Er meinte, auch wenn er das natürlich nicht in einem wissenschaftlichen Sinn beweisen könnte, gäbe es doch kaum etwas, dessen er sich so sehr gewiss sei, wie der Tatsache, dass seine Mutter ihn niemals vergiften würde. Kein Beweis könnte für ihn sicherer sein als dieses Wissen.

Diese Glaubensgewissheit drückt auch der Psalm aus: Der große mächtige Gott, der seinen Thron im Himmel hat und der das All beherrscht, ist uns zugetan. Gerade deshalb ist er zu loben und zu preisen, weil er ein liebender und gütiger Gott ist, weil er uns nicht vergisst und weil er uns nicht vom Wind verwehen lässt, wie die Blumen des Feldes. Wenn der Psalm zum Lobpreis Gottes aufruft, geht es nicht darum,

Gott anzuschmachten und zu „beweihräuchern“, wie man so schön sagt. Gott hat, das haben die Theologen aller Jahrhunderte immer wieder festgestellt, unser Lob nicht nötig. Es fügt ihm in seiner Vollkommenheit nichts hinzu, was er noch bräuchte. Es geht darum, dass ich mich auf ihn einlasse, dass ich mich in diese vertrauensvolle Gewissheit fallen lasse und seine Liebe damit erwidere, womit man die Liebe eines Menschen erwidert, der einem von Herzen zugetan ist: Eigentlich kann man gar nicht anders, als ihn oder sie auch lieb zu haben. Ist das nicht ein faszinierendes Gottesbild?

Psalm 104

Loblied auf den Schöpfer

1 Preise den Herrn, meine Seele! / Herr, mein Gott, überaus groß bist du! Du bist mit Hoheit und Pracht bekleidet.
2 Du hüllst dich in Licht wie in einen Mantel, du spannst den Himmel aus gleich einem Zelt.
3 Du verankerst die Balken deiner Wohnung im Wasser. / Du nimmst dir die Wolken zum Wagen, du fährst einher auf den Flügeln des Windes.
4 Du machst die Winde zu deinen Boten, zu deinen Dienern Feuer und Flamme.
5 Du hast die Erde auf Pfeiler gegründet, in alle Ewigkeit wird sie nicht wanken.
6 Einst hat die Urflut sie bedeckt wie ein Kleid, die Wasser standen über den Bergen.
7 Sie wichen vor deinem Drohen zurück, sie flohen vor der Stimme deines Donners.
8 Sie stiegen die Berge hinauf, sie flossen hinab in die Täler an den Ort, den du für sie bestimmt hast.
9 Eine Grenze hast du gesetzt, die dürfen sie nicht überschreiten, nie wieder sollen sie die Erde bedecken.
10 Du lässt Quellen sprudeln in Bäche, sie eilen zwischen den Bergen dahin.
11 Sie tränken alle Tiere des Feldes, die Wildesel stillen ihren Durst.
12 Darüber wohnen die Vögel des Himmels, aus den Zweigen erklingt ihr Gesang.
13 Du tränkst die Berge aus deinen Kammern, von der Frucht deiner Werke wird die Erde satt.

14 Du lässt Gras wachsen für das Vieh und Pflanzen für den
Ackerbau des Menschen, damit er Brot gewinnt von der
Erde
15 und Wein, der das Herz des Menschen erfreut, damit er
das Angesicht erglänzen lässt mit Öl und Brot das Herz
des Menschen stärkt.
16 Die Bäume des Herrn trinken sich satt, die Zedern des Libanon, die er gepflanzt hat,
17 dort bauen die Vögel ihr Nest, auf den Zypressen nistet
der Storch.
18 Die hohen Berge gehören dem Steinbock, dem Klippdachs
bieten die Felsen Zuflucht.
19 Du machst den Mond zum Maß für die Zeiten, die Sonne
weiß, wann sie untergeht.
20 Du sendest Finsternis und es wird Nacht, dann regen sich
alle Tiere des Waldes.
21 Die jungen Löwen brüllen nach Beute, sie verlangen von
Gott ihre Nahrung.
22 Strahlt die Sonne dann auf, so schleichen sie heim und lagern sich in ihren Verstecken.
23 Nun geht der Mensch hinaus an sein Tagwerk, an seine Arbeit bis zum Abend.
24 Wie zahlreich sind deine Werke, Herr, / sie alle hast du
mit Weisheit gemacht, die Erde ist voll von deinen Geschöpfen.
25 Da ist das Meer, so groß und weit, / darin ein Gewimmel,
nicht zu zählen: kleine und große Tiere.
26 Dort ziehen die Schiffe dahin, der Levíatan, den du geformt, um mit ihm zu spielen.

27 Auf dich warten sie alle, dass du ihnen ihre Speise gibst zur rechten Zeit.
28 Gibst du ihnen, dann sammeln sie ein, öffnest du deine Hand, werden sie gesättigt mit Gutem.
29 Verbirgst du dein Angesicht, sind sie verstört, / nimmst du ihnen den Atem, so schwinden sie hin und kehren zurück zum Staub.
30 Du sendest deinen Geist aus: Sie werden erschaffen und du erneuerst das Angesicht der Erde.
31 Die Herrlichkeit des Herrn währe ewig, der Herr freue sich seiner Werke.
32 Er blickt herab auf die Erde und sie erbebt, er rührt die Berge an und sie rauchen.
33 Ich will dem Herrn singen in meinem Leben, meinem Gott singen und spielen, solange ich da bin.
34 Möge ihm mein Dichten gefallen. Ich will mich freuen am Herrn.
35 Die Sünder sollen von der Erde verschwinden / und Frevler sollen nicht mehr da sein. Preise den Herrn, meine Seele! Halleluja!

Einfach schön

Ist das nicht ein schöner Text? Es ist kein kurzer Text, aber man kann ihn, finde ich, richtig genießen. In vielen Psalmen herrschen ja eher schwere Gedanken über belastende Lebenssituationen vor. Hier ist das ganz anders. Die Verse gehen runter wie Öl, oder besser noch wie der Wein, den Gott extra erschaffen hat, um des Menschen Herz zu erfreuen. Ich will jetzt nicht zum Alkoholgenuss auffordern, auch der Wein kann seine Schattenseiten haben, wenn man zu viel davon trinkt. Hier ist er ein Symbol dafür, wie gut Gott der Schöpfer, den der Psalmist verherrlichen will, alles eingerichtet hat: Selbst an einen genüsslichen Schluck fürs Feiern hat er gedacht. Dass der Mensch die Möglichkeit hat, aus der Schönheit der Welt die Güte Gottes zu erkennen, dafür gehört dieser Psalm zu den Kronzeugen in der Bibel. Der Psalmist wird nicht müde, aufzuzählen, was es doch alles an Schönem, Gutem und Zweckmäßigem in der Welt gibt. Selbst das mythische schreckliche Seeungeheuer, den Levíathan, erklärt er zum Spielzeug Gottes. Dabei macht es gar nichts, dass viele Bilder einem antiken Weltbild entsprechen, in dem die Erde noch als Scheibe auf Pfeilern gedacht wurde. Malerisch und anrührend sind die Bilder auch so und vielleicht gerade deshalb. Man kann diesen Psalm an einem besonders schönen Ort in der Natur lesen, an einem Sommerabend im Urlaub zum Beispiel. Vielleicht kann man dann spüren, welchen Zauber dieser Text zu entfalten vermag.

Zur Wahrheit dieses Textes gehört natürlich auch, dass man ihn in der heutigen Zeit nicht mehr lesen kann, ohne die Gedanken darauf zu richten, wie sehr der Mensch diese Schönheit und Ordnung bedroht und zerstört. Er geht eben nicht nur hinaus an sein Tagwerk, sondern er beutet diese Erde aus, sucht nicht nur seinen Platz in diesem Kosmos, sondern durchbricht die Ordnung brutal, um sich zu bereichern. Nicht nur den Wein, sondern auch die ganze Erde kann man missbrauchen. Es ist gar nicht so einfach, aus diesen Kreisläufen herauszukommen. Manchmal kommt einem die Weltgesellschaft tatsächlich wie suchtkrank vor. Sie weiß zwar um die selbstzerstörerische Kraft ihres Handelns, wird aber trotzdem immer weiter hineingezogen. Da wünsche ich mir mit dem Psalm: „Frevler sollen nicht mehr da sein!“ Hier führt dieser wunderschöne Text doch wieder zu schweren Gedanken. Dabei kann das Leben schön sein und einem sinnerfüllt erscheinen. Trotz aller Bedrohtheit ist es gut, sich auch diese Schönheit vor Augen zu führen. Das hilft, die Augen aus dem Alltagsgrau zu heben und bis zum Horizont zu blicken. Das hilft auch, sich immer wieder bewusst zu machen, was auf dem Spiel steht für uns und mehr noch für kommende Generationen.

Psalm 112

Seligpreisung des Gottesfürchtigen

1 Halleluja! Selig der Mann, der den Herrn fürchtet und sich herzlich freut an seinen Geboten.
2 Seine Nachkommen werden mächtig im Land, das Geschlecht der Redlichen wird gesegnet.
3 Wohlstand und Reichtum füllen sein Haus, seine Gerechtigkeit hat Bestand für immer.
4 Im Finstern erstrahlt er als Licht den Redlichen: Gnädig und barmherzig ist der Gerechte.
5 Glücklich ein Mann, der gnädig ist und leiht ohne Zinsen, der nach dem Recht das Seine ordnet.
6 Niemals gerät er ins Wanken; ewig denkt man an den Gerechten.
7 Er fürchtet sich nicht vor böser Kunde, sein Herz ist fest, auf den Herrn vertraut er.
8 Sein Herz ist getrost, er fürchtet sich nicht, er wird herabschauen auf seine Bedränger.
9 Reichlich gibt er den Armen, / seine Gerechtigkeit hat Bestand für immer, seine Macht steht hoch in Ehren.
10 Der Frevler sieht es voll Unmut, / er wird mit den Zähnen knirschen und vergehen. Die Wünsche der Frevler werden zunichte.

Wie es sein sollte

Dieser Psalm ist ein Hochgesang auf die Frommen und Gerechten. Eine Gerechte oder ein Gerechter sein, das ist für die Menschen der Bibel in etwa gleichbedeutend mit einem gelingenden Leben: Zu den Guten gehören; die anderen nicht ausnützen oder über den Tisch ziehen; zu den Armen und Benachteiligten barmherzig sein, statt sich an ihnen zu bereichern; sich besinnen auf das, was wichtig ist im Leben; den inneren Kompass nicht verlieren; sich um seine Angehörigen kümmern; auf die Kinder gut achtgeben, damit sie aufwachsen und sich entwickeln können; nicht zuletzt auch sein Geschick vertrauensvoll in die Hand Gottes legen. So in etwa kann man das knapp beschreiben, was die Bibel sich unter Gerechten vorstellt. Das ist ein Lebensideal, eine Vorstellung davon, wie es sein sollte, wie man es machen sollte. Die Bibel wird nicht müde, den Menschen immer wieder einzubläuen: So sollt ihr es machen! Daran sollt ihr euch ausrichten! Dieses Ziel sollt ihr nicht aus den Augen verlieren! Und die, die an sich arbeiten, um dieses Ideal zu verwirklichen, die werden gelobt und als Vorbilder vorgestellt: Abraham zum Beispiel, der Stammvater der Gerechten.

So weit, so gut. Jetzt aber kommt ein Aspekt ins Spiel, an dem ich bei der Lektüre dieses Psalms erst einmal hängen bleibe: Der Gerechte wird niemals wanken, behauptet der Psalm. Es wird ihm immer gut gehen, alles wird ihm gelingen, in der Finsternis wird ihm ein Licht aufgehen und er wird über die Frevler triumphieren. Ist das so?, meldet sich da der kritische Geist in mir. Kann das – auch nur für einen Augenblick lang – dem Realitäts-Check standhalten? Schön wärs ja, aber gilt im alltäglichen Leben nicht eher der Hauptsatz aller Moralpessimisten: Der Ehrliche ist der Dumme? Wird Gutmütigkeit nicht regelmäßig ausgenützt, Anständigkeit abgehängt und Gottvertrauen sowieso ausgelacht? Ist das da draußen nicht der große Tummelplatz der Egomanen und das Spielfeld der Egoshooter? Was wäre dieser Psalm dann anderes als eine Ansammlung frommer Wünsche? Wohlklingend aber nicht ernst zu nehmen? Das wäre schade. Dann hätte der Psalm mir letztlich nicht viel zu sagen. Er wäre entlarvt als frommer Selbstbetrug, als eine Prise „Opium des Volkes", um mit Karl Marx zu sprechen. Kann man den Psalm nicht auch anders lesen? Muss man ihn nicht anders lesen? Bei der Beschreibung der Gerechten hatte ich ja gesagt, es gehe dabei um ein Lebensideal, eine Vorstellung davon, wie es sein sollte. Ich glaube, auch wenn der Psalm beschreibt, wie es den Gerechten ergeht, ist das ein Ideal, eine Beschreibung dessen, wie es sein sollte in dieser Welt: Ehrlichkeit ist nicht dumm, sondern sie währt am längsten. Großzügigkeit wird nicht ausgenützt, sondern wertgeschätzt. Der Schutz der Schwachen ist keine vergebliche Liebesmühe, sondern eine Stärke, weil aus den Schwachen Starke werden. Die Egomanen, die Betrüger, die Hinterzieher, die Raffgierigen und die Gewalttätigen haben nicht das letzte Wort, sondern die Aufrechten, die Menschlichen und die Solidarischen. Das Gemeinwohl ist stärker und tragfähiger als die Einzelinteressen. So kann man dieses Ideal einer besseren Welt und einer besseren Gesellschaft umschreiben, das im Psalm zum Ausdruck kommt. Keine naive wirklichkeitsfremde Zustandsbeschreibung, sondern eine kraftvolle Vision.

Noch einmal meldet sich der Kritiker in mir und merkt süffisant an: Wie war das aber mit dem Realismus á la Helmut Schmidt: „Wer Visionen hat, soll zum Arzt gehen!" Ich schaue für den Augenblick einmal darüber hinweg, dass der Satz aus dem Zusammenhang gerissen ist. Aber gilt nicht trotzdem: Visionen von einer besseren Welt sind etwas für Tagträumer, für Gutmenschen und Weltverbesserer? Jedenfalls doch wohl nichts für Realisten und Realpolitiker!

Ich glaube, das ist eine falsche Alternative. Realismus und Visionen schließen sich nicht aus. Alltagstauglicher Realismus ist sogar existenziell darauf angewiesen, dass er bei allem Pragmatismus doch eine Leitvorstellung von dem hat, wozu all dieses pragmatische Handeln dienen wozu es eigentlich führen soll. Es gilt, sich nicht in rosarote und himmelblaue Idealismen zu verlieren. Es gilt, konkret im Alltag zu bleiben und alles Licht und allen Schatten klar zu sehen. Und doch ist es unverzichtbar, sich von Zeit zu Zeit darauf zu besinnen, wofür sich all das eigentlich lohnen soll. Das ist dann der Punkt, an dem so ein Psalm bis heute seinen Sitz auch in unserem Leben haben kann, wenn er uns verkündet: Den Gerechten geht das Licht auf in der Finsternis.

Psalm 113

Loblied auf Gottes Hoheit und Liebe zu den Geringen

1 Halleluja! Lobt, ihr Knechte des Herrn, lobt den Namen des Herrn!
2 Der Name des Herrn sei gepriesen von nun an bis in Ewigkeit.
3 Vom Aufgang der Sonne bis zu ihrem Untergang sei gelobt der Name des Herrn.
4 Erhaben ist der Herr über alle Völker, über den Himmeln ist seine Herrlichkeit.
5 Wer ist wie der Herr, unser Gott, der wohnt in der Höhe,
6 der hinabschaut in die Tiefe, auf Himmel und Erde?
7 Den Geringen richtet er auf aus dem Staub, aus dem Schmutz erhebt er den Armen,
8 um ihn wohnen zu lassen bei den Fürsten, bei den Fürsten seines Volks.
9 Die Kinderlose lässt er wohnen im Haus als frohe Mutter von Kindern. Halleluja!

Und ich?

Was für ein Kontrast! Ganz zugespitzt stellt der Psalm ihn heraus. Hier der mächtige und erhabene Gott, der über allen Himmeln thront, über alle Völker herrscht und da der Arme, der in Staub und Schmutz sitzt. Aber Gott schaut auf ihn. Er wohnt in der Höhe und schaut in die Tiefe. Der Mächtige ist gerade den Ohnmächtigen nahe. Er klaubt sie auf und macht sie groß. Bei den Fürsten dürfen sie wohnen. Die Kinderlose, die hier erwähnt wird, muss man natürlich vor dem Hintergrund der altorientalischen Gesellschaftsverhältnisse sehen. Frauen, die kinderlos blieben, waren doppelt bestraft. Sie mussten mit der Schande leben, es nicht hinzubekommen mit der Nachkommenschaft und sie konnten weder sich selbst noch die Familie für das Alter versorgen. Dass das für diese Frauen eine ungerechte Sache war, weil sie gar nichts dagegen machen konnten, war auch in diesen Zeiten schon irgendwie klar. Das half ihnen aber nichts: „Pech gehabt und wird schon einen Grund haben, warum sie mit Kinderlosigkeit bestraft werden." So dürfte die allgemeine Meinung in etwa ausgesehen haben. Gott aber schaut auf sie und holt sie da raus. Sie dürfen bei ihm als frohe Mutter von Kindern wohnen. Daran wird deutlich, wie sehr der Psalm den gesellschaftlichen Mainstream gegen den Strich bürstet. Da ist nichts von wegen: „Wer arm ist, ist selber schuld!" und „Jeder ist seines eigenen Glückes Schmied!" Der große und mächtige Gott hat ein Herz für die Armen, die Abgehängten und die Ausgestoßenen. Das ist erst einmal eine großartige Botschaft: Gott ist gerade auch für die Kleinen und Bedeutungslosen da und nicht nur für die Reichen und Schönen.

Dann allerdings kommt noch ein Aspekt dazu, der hier gar nicht ausdrücklich genannt wird, der aber immer seine Bedeutung hat. Wenn Gott so handelt, dann kann der Mensch, der Gottes Nähe sucht – und das tut der Psalmenbeter ja immer – nicht das Gegenteil machen. Gottes Handeln ist immer auch ein Aufruf an den Menschen: Mach es genauso! Damit stellt mich der wunderbare Psalm mit seinen begeisternden sozialrevolutionären Gedanken vor die Frage: Und ich? Wie gehe ich mit den Armen und an den Rand gedrängten um? Wie schaue ich auf die Obdachlosen, die Leute auf der Flucht, die Menschen, die Asyl suchen, die Kinder aus bildungsfernen Familien? Halte ich mich für etwas Besseres? Setze ich mich für eine gerechte Gesellschaft ein, die den Menschen und ihren Sorgen und Nöten wirklich gerecht wird und nicht nur den Regeln und Sachzwängen? Ich glaube, da gibt mir der Psalm so einiges mit auf den Weg.

Singen und beten

Psalmen sind in der jüdisch-christlichen Tradition auf ganz unterschiedliche Art zum Einsatz gekommen. Die verschiedenen „Regieanweisungen" am Beginn der Psalmen weisen darauf hin, dass sie vom Ursprung her immer auch gesungen wurden. Letztlich weiß man heute nicht mehr wirklich, was genau gemeint ist, wenn es da heißt: „nach dem Kelterlied", „nach der Weise Lilien", oder auch: „nach der Weise Stirb für den Sohn!" Es wird wohl verschiedene Melodien oder Gesangsweisen gegeben haben, die wir heute nicht mehr kennen. Eher etwas vorstellen kann man sich, wenn es heißt: „für den Chormeister", „Zum Flötenspiel" oder „Mit Saitenspiel". Klar ist, dass die Texte gesungen wurden. Erst sehr viel später entstand dann der Psalmengesang, wie man ihn heute noch kennt und wie er vor allem in Klöstern praktiziert wurde und noch wird. In der christlichen Tradition werden die Anfänge dieser Gesangsform mit Papst Gregor dem Großen (Papst von 590 bis 604) in Verbindung gebracht und deshalb als „Gregorianischer Choral" bezeichnet. Die Formenvielfalt reicht dabei von einfachen Melodien, bei denen größere Teile des Textes in eher meditativer Weise auf einer gleichbleibenden Tonhöhe gesungen bzw. gesprochen werden, bis zu ziemlich komplexen Melodieführungen. Das ist dann auf jeden Fall mehr etwas für Profis.

Neben dem Gesang gibt es auch die in Gemeinschaft gesprochene Gebetsform. Dabei entsteht durch den Wechsel zwischen zwei Gruppen, die jeweils einen Vers beten und durch eine kleine Atempause jeweils etwa in der Versmitte ein Rhythmus, der etwas von einem Sprechgesang hat. Auch das kann eine schöne meditative Gesamtstimmung erzeugen und eignet sich gut, wenn man keine Truppe von Gesangsprofis ist. Daneben gibt es schließlich auch von Anfang an und durch alle Zeiten hindurch die Möglichkeit, die Psalmen für sich selbst zu beten. Es spricht einiges dafür, dass schon von ihrem Ursprung her, einige Psalmen eher als gesungene Hymnen gedacht waren und andere als ganz persönliche Gebetstexte. Ich finde es auf jeden Fall erstaunlich, wie vielfältig diese Texte sich spirituell und künstlerisch aufgreifen lassen.

Psalm 126

Von Tränen zum Jubel

1 Ein Wallfahrtslied. Als der Herr das Geschick Zions wendete, da waren wir wie Träumende.
2 Da füllte sich unser Mund mit Lachen und unsere Zunge mit Jubel. Da sagte man unter den Völkern: Groß hat der Herr an ihnen gehandelt!
3 Ja, groß hat der Herr an uns gehandelt. Da waren wir voll Freude.
4 Wende doch, Herr, unser Geschick wie die Bäche im Südland!
5 Die mit Tränen säen, werden mit Jubel ernten.
6 Sie gehen, ja gehen und weinen und tragen zur Aussaat den Samen. Sie kommen, ja kommen mit Jubel und bringen ihre Garben.

Ist noch immer gut gegangen

Hintergrund dieses Psalms ist die große und tief ins kollektive Bewusstsein eingeprägte Erfahrung des Volkes Israel: Auch wenn es noch so finster aussieht und auch wenn noch so viel Unheil über uns hereinbricht, das Geschick wendet sich schließlich doch und am Ende steht die Befreiung. Vor allem das Babylonische Exil hat hier eine tiefgehende gemeinsame Erfahrung bedeutet. Der Tempel zerstört, das Königreich zerschlagen, das Volk verschleppt, alles verloren – und doch steht am Ende die Heimkehr, der Wiederaufbau und das Volk besteht fort durch die Zeiten.

An diese Erfahrung erinnern die Texte der Bibel wieder und wieder, gerade in finsteren Zeiten beschwören sie die Hoffnung: „Groß hat der Herr an uns gehandelt“ – und er wird es wieder tun. Da gibt es ein Muster, das sich durch die Geschichte zieht. Nicht zuletzt auch die Erfahrung der Schoah im 20. Jahrhundert ist verbunden mit der Erfahrung: Der Völkermord hat bei all der unvergleichlichen Grausamkeit nicht vermocht, das Volk auszulöschen. Der jüdische Religionswissenschaftler Schalom Ben Chorin hat die Liedzeilen gedichtet: „Freunde, dass der Mandelzweig wieder blüht und treibt, ist das nicht ein Fingerzeig, dass die Liebe bleibt? Dass das Leben nicht verging, so viel Blut auch schreit, achtet dieses nicht gering in der trübsten Zeit.“ Das trifft den zentralen Gedanken dieses Psalms ziemlich genau: Erinnert euch daran, wie es war, als Gott das Blatt zu unseren Gunsten wendete. Wir konnten es gar nicht glauben und waren wie von Sinnen. Diese Erinnerung ist zugleich eine Trostbotschaft: Es ist noch nicht aller Tage Ende!

Was aber, wenn es nicht wieder gut wird? Was ist mit den Vielen, für die es ein Ende mit Schrecken gab? Was ist mit mir, wenn ich einmal in eine schlimme Situation gerate, aus der es kein Entrinnen mehr gibt? Um mit Tränen zu säen und dann mit Jubel zu ernten, muss man die Ernte auch erleben und darf vorher nicht zugrunde gegangen sein, um es einmal ganz drastisch zu benennen. Einfach zu sagen: „Ja, dann kommt man eben in den Himmel!“ widerstrebt mir so ein bisschen, weil es sich nach der berühmten „Vertröstung auf das Jenseits“ anhört und weil es so leicht dahingesagt klingt. Aber gerade bei Schalom Ben Chorin habe ich einmal einen

Gedanken gelesen, der mir in dieser Hinsicht wieder in den Sinn kommt. Er bezieht sich darauf, dass wir uns in einer Welt befinden, die geprägt ist, von einem sinnvollen Zueinander der Dinge. „Kosmos und nicht Chaos“, würden die Philosophen sagen. Schalom Ben Chorin erläutert das: Wir Menschen haben viele Bedürfnisse, aber wir finden in dieser Welt auch die Möglichkeiten, um diese Bedürfnisse zu befriedigen. Wir haben Hunger und finden zu Essen. Wir haben Durst und finden zu trinken. Wir brauchen Sauerstoff und können atmen. Nun haben wir Menschen auch die tiefsitzende Sehnsucht, dass wir nicht einfach untergehen, dass mit dem Tod nicht einfach alles aus ist, sondern dass sich auch für uns ganz persönlich die Dinge zum Guten wenden, selbst über den Tod hinaus. Sollten wir da nicht die Hoffnung haben dürfen, dass auch diese Sehnsucht ihre Erfüllung findet? Selbst in den Tod hinein hoffen deshalb die Glaubenden, dass der Herr ihren Mund mit Lachen erfüllt und ihre Zungen mit Jubel.

Psalm 130

Hilferuf aus tiefer Not

1 Ein Wallfahrtslied. Aus den Tiefen rufe ich, Herr, zu dir:
2 Mein Herr, höre doch meine Stimme! Lass deine Ohren achten auf mein Flehen um Gnade.
3 Würdest du, Herr, die Sünden beachten, mein Herr, wer könnte bestehn?
4 Doch bei dir ist Vergebung, damit man in Ehrfurcht dir dient.
5 Ich hoffe auf den Herrn, es hofft meine Seele, ich warte auf sein Wort.
6 Meine Seele wartet auf meinen Herrn / mehr als Wächter auf den Morgen, ja, mehr als Wächter auf den Morgen.
7 Israel, warte auf den Herrn, / denn beim Herrn ist die Huld, bei ihm ist Erlösung in Fülle.
8 Ja, er wird Israel erlösen aus all seinen Sünden.

Notsignal

Es kommt vor, dass man im Leben einen Rettungsdienst rufen muss. Entweder weil man selbst einen medizinischen Notfall hat oder weil man sich um jemanden kümmern muss, der in einer solchen Notsituation ist. Je nachdem, wo und wann das passiert, kann es kompliziert oder langwierig sein, die Notrufzentrale ans Telefon zu bekommen: kein Empfang oder keine Leitung frei oder was auch immer. Jedenfalls ist man erst einmal froh, dass man jemanden an der Leitung hat und die Person, mit der man spricht, ist auch darin geschult, möglichst sachlich und beruhigend den Notruf entgegenzunehmen. Wenn der Einsatzort klar ist, bekommt man gesagt, dass jemand losgeschickt wird und wie lange es ungefähr dauert. Mir kommt in solchen Situationen immer schnell der Gedanke: Wie gut, dass wir hierzulande ein gut funktionierendes Rettungssystem haben. Dann beginnt das Warten. Diese Zeit ist recht angespannt und es können einem die Minuten sehr lange vorkommen. Jedenfalls macht sich eine erste Erleichterung breit, wenn man das Martinshorn näherkommen hört und schließlich das Blaulicht sieht.

Dieser Psalm kommt mir wie ein existenzieller Notruf vor. Er ist recht kurz und eignet sich eigentlich ganz gut, um ihn in Notzeiten und Notlagen zu beten. Ich überlege, ob ich ihn nicht mal auswendig lernen sollte. Ich finde auch die Sprache sehr ausdrucksstark. „Aus den Tiefen", das klingt wirklich eindringlich nach: Ich brauche jetzt wirklich Hilfe! Hör mich doch bitte! Es ist eine Melange aus nahezu verzweifelter Angst und doch wieder Hoffnung, die mir bekannt vorkommt. Ich kann mich an solche Gefühlslagen gut erinnern. Und auch das quälende und zugleich sehnsuchtsvolle Warten findet hier kraftvolle Bilder: „mehr als Wächter auf den Morgen!" Wer schon einmal Nachtwache geschoben hat, noch dazu in einer schwierigen Lage, kann sicher auch diese Gefühle gut nachempfinden. Was ist man froh, wenn das erste Morgengrauen ankündigt, dass es bald hell wird. Alles das bringt der Psalm vor Gott zur Sprache. Dabei bleibt ungesagt, wie denn diese Hilfe, die der Psalmbeter ersehnt, genau aussehen soll. „Israel erlösen aus all seinen Sünden", das ist doch ziemlich unkonkret und schwammig. Aber wenn ich in einer echten Notsituation bin, dann ist es mir ja auch gar nicht so wichtig, wie die Hilfe genau aussieht – Hauptsache, es gibt Hilfe! Der Psalm liefert keine Rezepte – aber dafür mag ich ihn auch. Er lässt etwas offen und begnügt sich gewissermaßen mit der Hoffnung: „Bei ihm ist Erlösung.“ Ich finde schon, dass das Halt gibt, auch in den Tiefen.

Psalm 139

Leben in Gottes Allgegenwart

1 Für den Chormeister. Von David. Ein Psalm.
Herr, du hast mich erforscht und kennst mich. /
2 Ob ich sitze oder stehe, du kennst es. Du durchschaust meine Gedanken von fern.
3 Ob ich gehe oder ruhe, du hast es gemessen. Du bist vertraut mit all meinen Wegen.
4 Ja, noch nicht ist das Wort auf meiner Zunge, siehe, Herr, da hast du es schon völlig erkannt.
5 Von hinten und von vorn hast du mich umschlossen, hast auf mich deine Hand gelegt.
6 Zu wunderbar ist für mich dieses Wissen, zu hoch, ich kann es nicht begreifen.
7 Wohin kann ich gehen vor deinem Geist, wohin vor deinem Angesicht fliehen?
8 Wenn ich hinaufstiege zum Himmel – dort bist du; wenn ich mich lagerte in der Unterwelt – siehe, da bist du.
9 Nähme ich die Flügel des Morgenrots, ließe ich mich nieder am Ende des Meeres,
10 auch dort würde deine Hand mich leiten und deine Rechte mich ergreifen.
11 Würde ich sagen: Finsternis soll mich verschlingen und das Licht um mich soll Nacht sein!
12 Auch die Finsternis ist nicht finster vor dir, / die Nacht leuchtet wie der Tag, wie das Licht wird die Finsternis.
13 Du selbst hast mein Innerstes geschaffen, hast mich gewoben im Schoß meiner Mutter.

14 Ich danke dir, dass ich so staunenswert und wunderbar gestaltet bin. Ich weiß es genau: Wunderbar sind deine Werke.

15 Dir waren meine Glieder nicht verborgen, / als ich gemacht wurde im Verborgenen, gewirkt in den Tiefen der Erde.

16 Als ich noch gestaltlos war, sahen mich bereits deine Augen. In deinem Buch sind sie alle verzeichnet: die Tage, die schon geformt waren, als noch keiner von ihnen da war.

17 Wie kostbar sind mir deine Gedanken, Gott! Wie gewaltig ist ihre Summe!

18 Wollte ich sie zählen, sie sind zahlreicher als der Sand. Ich erwache und noch immer bin ich bei dir.

19 Wolltest du, Gott, doch den Frevler töten! Ihr blutgierigen Menschen, weicht von mir!

20 Sie nennen dich in böser Absicht, deine Feinde missbrauchen deinen Namen.

21 Sollen mir nicht verhasst sein, Herr, die dich hassen, soll ich die nicht verabscheuen, die sich gegen dich erheben?

22 Ganz und gar sind sie mir verhasst, auch mir wurden sie zu Feinden.

23 Erforsche mich, Gott, und erkenne mein Herz, prüfe mich und erkenne meine Gedanken!

24 Sieh doch, ob ich auf dem Weg der Götzen bin, leite mich auf dem Weg der Ewigkeit!

Unfassbar nah

Das ist ein echter Hammer-Psalm! Er wird in der Literatur oft zitiert – und das sicher zu Recht. Astrid Lindgren hat in einem ihrer Kinderbücher sogar einmal einen kleinen Jungen, der auf einer Schären-Insel („am Ende des Meeres") lebt, über einen Vers aus diesem Psalm nachdenken lassen. Ich finde, schon allein, was die Sprachbilder anbelangt, ist dieser Psalm faszinierend, etwa wenn von den Flügeln des Morgenrots die Rede ist oder von der Nacht, die leuchtet wie der Tag. Das sind Verse, die das Zeug dazu haben, hängen zu bleiben und einen durchs Leben zu begleiten. Aber von vorn: Es geht um eine Erkenntnis über Gott. Diese Erkenntnis hat für den Psalmbeter etwas ungemein Faszinierendes, geradezu Atemberaubendes: Gott ist der, der immer da ist. Er ist im buchstäblichsten Sinn der „Ich bin da". Und deshalb ist er mir unglaublich nahe: Er war da, als ich entstand und er ist selbst in meinem Innersten da, sogar in meinen Gedanken ist er da und kennt sie. Er kennt mich von innen und außen. Es hat überhaupt keinen Zweck, vor ihm davonzulaufen – noch nicht mal, wenn man bis ans Ende der Welt liefe: Er ist auch dort schon da. Dieser Gedanke könnte etwas Bedrohliches und Bedrückendes haben, etwas von „big brother ist watching you". Es könnte zur Vorstellung von einem Aufpasser-Gott führen, der all meine kleinen und großen Sünden und Fehltritte sieht und verzeichnet. Aber in diese Richtung denkt der Psalmist gar nicht. Der Gott, von dem er spricht, ist nämlich viel größer und faszinierender als ein schnöder moralinsauerer Buchhalter-Gott. Dieser Gott, den der Psalmist bestaunt, ist ein Gott, dem ich mich völlig anvertrauen darf, weil er immer da ist, weil er mich kennt und ich ihm nichts vorspielen muss. Er ist so unwahrscheinlich großartig, dass mir schwindlig wird, wenn ich über ihn nachdenke. Dieser unfassbare Gott ist mir nahe, ist ganz bei mir, hält mich umschlossen, hat mich auf seine Hand gelegt. Da meldet sich natürlich der Skeptiker in mir und fragt: Ist das nicht ein bisschen hochmütig? Hat das nicht etwas von einer Größenwahn-Phantasie: Ich kleiner, schnell vergänglicher Mensch soll im liebevollen Blick eines solch übergroßen Gottes sein? Aber genau das ist es, was den Psalmenbeter so zum Staunen bringt und worüber er sagt: „Zu wunderbar ist für mich dieses Wissen, ich kann es nicht begreifen." Es ist dieses unvorstellbare Geborgensein von einer guten Macht, der ich mein ganzes Dasein verdanke und der ich mich voll Urvertrauen mit Haut und Haaren ausliefern kann. Nach so viel großartigen Worten und Gedanken kann ich diesem Psalm sein kleinmütiges Zetern über die Feinde nachsehen, mit denen er nichts zu tun haben will. Ich glaube, ich möchte darin vor allem seinen tiefen Wunsch sehen: Zu dir will ich gehören, du großer Gott! Alles andere taugt nichts!

Psalm 150

Das große Halleluja

1 Halleluja! Lobt Gott in seinem Heiligtum, lobt ihn in seiner mächtigen Feste!
2 Lobt ihn wegen seiner machtvollen Taten, lobt ihn nach der Fülle seiner Größe!
3 Lobt ihn mit dem Schall des Widderhorns, lobt ihn mit Harfe und Leier!
4 Lobt ihn mit Trommel und Reigentanz, lobt ihn mit Saiten und Flöte!
5 Lobt ihn mit tönenden Zimbeln, / lobt ihn mit schallenden Zimbeln!
6 Alles, was atmet, lobe den Herrn. Halleluja!

Halleluja!

Halleluja! sagt man manchmal mit einem etwas humorvollen Unterton, wenn etwas endlich klappt, worauf man lange hingearbeitet hat. „Das große Halleluja“, so heißt der 150. und letzte Psalm im Psalmenbuch der Bibel. Das Wort hat sich im Hebräischen als feststehender Begriff herausgebildet und bedeutet so viel wie: Lobt den Herrn! Es ist eine gottesdienstliche Formel, mit der man Gebete eröffnet, in Strophen gliedert und beendet. Da ist es passend, wenn die große Gebete-Sammlung der Bibel mit einem eigenen Halleluja-Psalm endet, der dieses „Lobt den Herrn!“ ein wenig ausmalt.

Warum, habe ich mich gefragt, sollen die Menschen eigentlich Gott loben? Wozu dient dieser so dringend gemachte

Aufruf? Wenn man im normalen Leben jemanden lobt, will man ihm etwas Gutes tun, man will ihn bestärken, seine Leistung anerkennen, seine Seele streicheln, sein Ego füttern. Der große, allmächtige und vollkommene Gott hat es aber nicht nötig, dass ich kleiner Mensch ihm sage, wie toll er ist. Das wäre ja wirklich eine komische Vorstellung, dass Gott den Applaus der Menschen genießt und sich geschmeichelt fühlt. Wozu aber dann Gott loben? Eine klassische Antwort auf diese Frage lautet, dass das Gotteslob für den Menschen selbst gut ist, weil er dadurch seine Seele zu Gott erhebt: Er führt sich selbst vor Augen, wie groß Gott ist und wie klein er selbst, wie sehr er von Gott abhängt und wie froh er über Gottes Güte sein kann. Das ist sicher nicht verkehrt und trifft es schon viel besser. Ich finde aber diese Erklärung noch nicht ganz befriedigend. Sie hat ein klein wenig etwas „Moralinsaures“. So etwas von: „Das ist für dich selbst am besten, wenn du dir klar machst, wie gut du es hast!“ Ich weiß nicht so recht …

Ich bin beim Nachdenken noch auf eine andere Spur gestoßen, die mir sympathischer ist. Vielleicht geht es gar nicht so sehr um das, was da gesagt werden soll, um die Lobesworte, die gesprochen werden sollen, um den konkreten Akt des Lobens. Vielleicht geht es eher um die Grundhaltung, die ein glaubender Mensch einnimmt, die Grundeinstellung zur Religion. Religion und Gottesverehrung sollen nicht als etwas Anstrengendes, Belastendes, nicht als ein bitteres Opfer verstanden werden, das der Mensch sich abringen muss. Bei aller Klage, von der es in den Psalmen wahrlich genug gibt, bei allen Opfern die einem das Leben auch als religiöser

Mensch nun einmal abverlangt, bei all dem Belastenden, das zum Leben dazugehört, soll die Beziehung zu Gott doch immer auch etwas Befreiendes, etwas Gutes und etwas Schönes an sich haben. Religion soll das Herz weit machen, soll Hoffnung spenden, Trost, wenn man ihn braucht, Freude schenken. Eine Gottesbeziehung soll idealerweise so sein, dass sie einem ein Lächeln auf die Lippen zaubert. Papst Franziskus hat in einem seiner Lehrschreiben einmal die schöne Überschrift formuliert: „Gott liebt das frohe Genießen seiner Kinder!" Nicht umsonst hat er seinen Papstnamen von Franz von Assisi übernommen, der zeitlebens versucht hat, diese Fröhlichkeit aus dem Glauben heraus zu leben. Ich würde sagen, zu so einer Grundhaltung wollen die Lobpsalmen uns einladen, sodass am Schluss schon wie von selbst aus der Seele hervorquillt: „Halleluja, lobt den Herrn!"